史趣

书里书外的历史

青　禾／著

中国华侨出版社

·北京·

图书在版编目（CIP）数据

史趣：书里书外的历史 / 青禾著 . —北京：中国华侨出版社，
2019.10
ISBN 978-7-5113-8051-7

Ⅰ . ①史… Ⅱ . ①青… Ⅲ . ①中国历史—文集
Ⅳ . ① K207-53

中国版本图书馆 CIP 数据核字（2019）第 193049 号

史趣：书里书外的历史

著　　者：青　禾
责任编辑：黄　威
经　　销：新华书店
开　　本：670 毫米 ×960 毫米　1/16 开　印张：15　字数：183 千字
印　　刷：河北省三河市天润建兴印务有限公司
版　　次：2020 年 2 月第 1 版
印　　次：2024 年 5 月第 2 次印刷
书　　号：ISBN 978-7-5113-8051-7
定　　价：42.00 元

中国华侨出版社　北京市朝阳区西坝河东里 77 号楼底商 5 号　邮编：100028
发 行 部：（010）64443051　　　传　　真：（010）64439708
网　　址：www.oveaschin.com　　E－m a i l：oveaschin@sina.com

如果发现印装质量问题影响阅读，请与印刷厂联系调换。

序

　　我出生在一个艺人之家，对历史的兴趣最初来自戏文。长大之后，我爱上历史，年轻时曾梦想读大学的历史专业。可是没有这个机会。后来，由于机缘巧合，在长期的创作中也出版了不少长篇历史小说，同时有几百篇有关历史的随笔在报刊上发表。

　　什么是历史？历史是过去了的时间与空间，它留给我们的是纸上的文字和地上的建筑（或建筑遗迹、传说），以及有赖于考古学的地下挖掘。历史记载往往只是一个点，而它所点击出来的往往是一个无比丰富多彩的空间。历史学家的任务是寻找这个点，文学家的任务是寻找这个空间。由于爱好，我不揣浅陋，喜欢寻找和再现这个空间。

　　有人说，任何一部历史都是现代史。历史是现在对过去的解释，从中吸取经验教训，为现代生活服务。有人说，历史是过去与未来在现在的对话。现在是我们的立足点，了解过去是为了建设更美好的未来。

　　还有人说，历史是一个小姑娘。

小姑娘，说得好，把历史拟人化了。古人今人，男人女人，大人物小人物，知识名流，山野村夫……都是人。我也是人。我由此得以用人的眼光来考察历史，平视历史人物。《闲话李渊》中，我把大唐开国皇帝当一般人"闲话"一下，李渊首先是个人，一个父亲、一个祖父，他有他的苦衷与无奈。"李渊是个想得开的人，武德九年六月三日的玄武门之变以后，他让出皇位，当上了太上皇。""历史证明，他的让位是一个明智之举。李世民比他干得更好。"晚年他过得很轻松，这篇随笔的最后，我写道："不管史书怎么说他，作为人，他比谁都值。"《赵构这个人》，赵构是南宋的第一位皇帝，他和李渊一样，想得开，退位当了太上皇，晚年过得很潇洒："一是他离开权力中心之后，心态很快就调整过来，许多事想开了，不怎么计较。……二是他有一个好妻子。……三是宋孝宗比较孝顺。""当我把皇帝当一般人来玩味时，观念变得有些新潮，想想人家克林顿的桃色事件，想想人家撒切尔夫人上街买菜的事也不那么惊讶了。人嘛，我们是人，总统首相皇帝，也是人。"《能上能下话李泌》，李泌是唐肃宗李亨的"帝王师"，文章的最后我这样说："我们现在时髦说'潇洒'。我不知道'潇洒'指的是什么？是指很有钱，还是指一种拿得起放得下的精神状态。如果是后者，我想，1000多年前的李泌，比我们潇洒得多。"《房玄龄的爱情》，房玄龄是贞观名臣，我不写政治，写爱情。《好人冯道》，冯道是著名的"不倒翁"，我同样不写政治，不写乱世，只写他的"良心"。从"人"的内心来观察这个历史上颇有争议的"不倒翁"。"……对待历史人物，我们为什么不能设身处地地为他们想想。多一点肯定，少一点'但是'呢？宽容地对待历史，应该是一个开放时代应有的气度。"《宋祁的尴尬》，写的是北宋诗人、工部尚书宋祁一次偶遇农夫的对话，写他的尴尬与感慨。《东林书院随想》，写明朝的东林党，写东林老大顾宪成的那幅名联："风声雨声读书声，声声入耳；家事国事天下事，事事关心。"……

我读历史，常常是正史、野史一起读，调动我的知识积累与生活阅历，在历史空间想象、塑造人物，把历史人物还原成人们既能接受又能喜欢的"小姑娘"，在有趣的阅读中得到一点人生的启迪。

目 录

峨眉山与白娘子

中国之大，名川大山何其多，有以雄称，有以险著，有以危名，有以奇传，独峨眉以秀闻。

我是在逼近知命之年时来到峨眉山的，按理这样的年龄对"秀"字不会太敏感。但是当我身临其境时，我却不得不由衷赞叹，这"秀"字用得何其绝！我真想把她的秀写出来，限于笔力，无从下手，大有"眼前有景道不得"的遗憾。

然而我又想，这峨眉是佛教名山，普贤道场，这"秀"字与佛的庄严相去甚远。听说，明以前，峨眉山是一座颇有名气的仙山，但这"秀"字与道的飘逸似乎也不很协调。

这秀，倒与一个传说很吻合，那就是白娘子的传说。

在中国，几乎没有人不知道《白蛇传》，说来也巧，我就是从芗剧《白蛇传》第一次知道峨眉山的。我至今还记得那唱段："白云飘过分飘过万重山，下凡要找有缘人。仙界孤禅分孤禅冷淡淡，来到人间心轻松。"白娘子在峨眉修炼千年之后来到杭州西湖，听说那正是南宋绍兴年间，即公元 12 世纪初。上溯 1000 年，白娘子在峨眉山修炼时是公元 2 世纪。那个时候，佛教还没有传入峨眉山。也就是说，当白娘子盘旋在清爽的大青石上，这里的寺庙也好，道观也好，都还没建起来，没有和尚，也没有道士，与她做伴的，只有清风冷月，只有竹影泉声。一定是峨眉山的灵秀哺育了她，才使得一条大蟒蛇出落得如此秀美迷人。

峨眉山有一个白龙洞，听说那就是当年白娘子修炼的地方。蛇为小龙，心想，地名应该不会错。我想洞一定幽深，一定美丽，一定发人遐想。我扶着一路的翠竹，踏着一路的石阶来到白龙洞。我被告知，这是一座庙宇，供的是三世佛。洞在哪里？没人知晓。白娘子一走就没能回来，这里被人占了，盖了庙宇。

白娘子千年修行，得道成仙，但她不想当神仙，想过一下人的生活，她下山了，来到了西湖。她的愿望本来是可以实现的，但她不幸遇到了不是男子汉的许仙和爱管闲事的法海。她是那样的痴情，三番五次，五次三番地抓住许仙，只是为了当一个妻子，她把夫妻情分看得那么重，"我同你情似泰山，恩同东海，誓同生死"，可怜她大难临头，已经复了原形，变成三尺长的一条白蛇了，"兀自昂头看着许仙"。她真真是个好人。她是峨眉山的女儿。峨眉山秀外慧中，她的清丽妩媚，她的悠久深沉，用现在的语言说，优美的自然景观加上丰富的人文景观不正是秀外慧中吗？白娘子又何尝不是，她的娟秀、温柔、聪明、贤惠，还有她的善良——水漫金山实在不是她的本意，实在是被逼出来的，她只想得到正常人的爱情，过正常人的生活，她实在弄不懂为什么有人要反对，她一再退让，忍耐，她没有遇到一个好人，满世界的人都和她作对，包括她真心相爱的人都躲着她，她还有什么办法呢？

正因为这样，人们原谅她。小时候，我看过一幅年画，画的正是水漫金山寺。那不是一幅恶战图，那是一张优美的抒情画，在蓝的浪涛与天空之间，一身素装的白娘子，手按宝剑，她不是在进攻，而是在争取一个希望。诚如鲁迅所说，"'水漫金山寺'一案，的确应该由法海负责"。说到白娘子的秀外慧中，我由此想到了《聊斋志异·香玉》中的香玉，香玉和白娘子一样是妖，或说是仙，花仙、蛇仙都不是人，却向往人的生活。所不同的是香玉运气好，遇到了一个黄生，黄生是个好人，他对她说，"卿秀外慧中，令人爱而忘死"。我想，如果许仙对白娘子说一句这样的知心话，如果她的爱得到应有的回报，她又何至于水漫金山呢？她实在可怜，她的爱、她的秀充满凄凉。这凄凉使我想起阴雪笼罩下的峨眉山。我到金顶时正是这样的一幅图景：阴冷的风，轻飘漫舞的雪，山也好，树也好，庙也好，人也好，时隐时现，秀美中有一种说不出的凄凉。

白娘子终于没有取得法海的同情，被压在雷峰塔下。雷峰塔是一座石塔，且有七层之高，一个纤秀的弱女子被压在这样的塔底，想一想都觉得残忍！

依法海的本意，白娘子是永世不得翻身的，没想到雷峰塔会倒掉。雷峰塔的倒塌，世人为之欢呼，连鲁迅都一论再论，为白娘子打抱不平。从白龙洞下山，我的心情一直很沉重，我不明白，雷峰塔倒了已经半个多世纪了，白娘子为什么不回峨眉山来，洞被占了，可以另找一个洞，再修炼一千年。以峨眉山的灵秀，一定能抚平她的创伤，再造一个千灵百秀、婀娜可爱、温柔多情的白娘子。

或许她已经回来了，躲在一个人足迹不到的山洞里，继续她的修炼。千年之后，当她再次来到人间，一定没有人再来剥夺她做人的权利，她一定能够充分地享受人间的爱情、自由和温暖。

峨眉之秀是永恒的，千年对于她只是一瞬。只是到那时，我们谁也看不见了。

原载《厦门晚报》1997 年 2 月 16 日

草堂行

在中国，几乎没有一个幼儿园里的儿童不曾用他们稚嫩甜美的童音背诵过"两个黄鹂鸣翠柳，一行白鹭上青天"这首绝句。杜甫给我们祖国的花朵的第一个印象是那么愉快，那么清丽，那么透明。

和儿童们相比，我要不幸得多，我从杜甫那里得到的第一个感觉是凄凉。那时，我是一个中学生，不认真读书的中学生，老师要我们背诵《茅屋为秋风所破歌》，我很不情愿，只是师命不敢违，硬着头皮背。没想到，背着背着，我的心里一下子充满了凄凉。这凄凉使我认真地回忆老师所讲的诗人的身世，于是我记住了成都杜甫草堂。但我记忆中的草堂是那样的破旧，那样的荒凉而又那样的遥远。我没有想，几十年后，我会来到草堂，而我面对的是一座优美的草堂公园。

到四川的十几天，一直是阴雾蒙蒙，唯有到草堂的那天下午，雾散尽，天放晴，车过青羊宫时居然看到一抹阳光在对面楼房的玻璃窗上闪亮。但我的心情却开朗不起来。杜甫给我的凄凉随着我年龄的增长而愈发沉重。诗人活得太苦太累了。他给自己肩上搁的担子太沉太重了。我甚至有点想返回，我怕自己承受不了这沉甸甸的重负。人到中年，累的感觉像影子一样地跟着，我真不想再给自己添累。

公园门口有一片停车场，刚刚驱散云雾的阳光显得很有生气，把车场照得光灿灿的。这多少给我一点轻松感，想，既然已成公园，大概不会那么叫人感到沉重了吧。只是买门票时心里有点不是滋味，诗人泉下有知，不知作何感想。我们在公园里转了一圈，觉得没什么好看的，连"花径"也是堂堂皇皇，热热闹闹的，听说不少大人物都在这里照过相，我们也照一张，没滋没味的，想回去，不甘心，随随便便再转一下，却转到草堂前。进了门，我的心为之一震，莫非，我是冲着我心中的凄凉而来的？

我们走的是草堂的边门，正门在左边，围墙外是路，可以听到车声。柱上挂一块牌子，说，这正是"门泊东吴万里船"的门。心里一愣，门外分明是路，何来船？再一想，笑了，路是现在的路，船是古时的船。路的那边不就是浣花溪吗，古时的浣花溪可不是现在的样子，宽得多，深得多。我举目望去，无黄鹂之鸣，无翠柳之依，无白鹭之飞，唯青天依旧，晃晃然，心中不免怅惘。过了拱桥，便看到大廊正中诗人的塑像。我们在诗人的身边照了一张相。给我照相的小黄说，笑一笑，我却笑不起来。我不知道我为什么要在这里照相，我是想留下什么，还是想带走什么，一般的纪念对于我又有什么意思呢？然而，当我走过诗史堂，穿过柴门，迈进工部祠时，当我对着诗人忧郁的石雕像时，我突然明白了，我是想分享诗人心中的凄凉。

从第一次读诗人的诗，我就认定诗人是一个可怜的老人，"南村群童欺我老无力……唇焦口燥呼不得，归来倚杖自叹息"，老得不行了。

其实，那时诗人才48岁。当然古时"人生七十古来稀"，48岁不能算年轻，不比现在，48岁还是青年诗人。但也不至老态龙钟。是诗人的心老了。他是真正地认为自己老了，才会把自己的老态写得如此生动，如此可怜，如此无奈。他经历的事情太多了，他承受的痛苦太深了，国运如斯、百姓如斯、个人如斯，真是满目凄凉催人老啊！这种老，这种凄凉，一直跟随着他。"万里悲秋常作客，百年多病独登台""亲朋无一字，老病有孤舟""五十白头翁，南北逃世难……归路从此迷，涕尽湘江岸"叫人不忍卒读。诗人最终没有摆脱凄凉的命运，病死在湘江的破船上。诗人的泪和着冬天的湘江水无休止地在我们的心中流淌。

幽幽修竹，森森古楠。四周静得出奇。

时近黄昏，西去的阳光无力穿过浓密的树叶，工部祠显得十分阴暗。我仰望着诗人清癯的脸，那深深的皱纹，那苍苍的胡须再一次深深地打动了我的心。我突然想，诗人年轻时是什么样子呢？诗人是如何从一个天真烂漫的孩童变成这个样子的呢？难道他不可以变成另一个样子吗？或许他完全可以变成另一个样子，然而，另一个样子的他就不是杜甫了。

我终于悟到，杜甫是无悔的。从"致君尧舜上，再使风俗淳"的理想，到"朱门酒肉臭，路有冻死骨"的悲愤，到"安得务农息战斗，普天无吏横索钱"的呼唤，到"安得广厦千万间，大庇天下寒士俱欢颜"的宏愿，到临终前"战血流依旧，军声动至今"的牵挂，他的心里始终装着社稷黎民。

酒足饭饱，坐在有空调的房子里，一边抽着云烟，一边谈论着"为民办实事"，既潇洒又体面。如果是我，也会做到。但我不敢保证，当我颠沛流离饥寒交迫时，让我牵肠挂肚的仍然是人民。或许，这正是我们与杜甫的距离。杜甫是凄凉的，但深切的忧国忧民使他的凄凉变得那么宏大，那么深沉，那么久远，那么震撼人心。他的凄凉是高山上的云雾，他的凄凉是大海里的烟霞。他用他的凄凉拥抱我们的民族，他用他的凄凉拥抱我们的历史。因为有了他，我们感到自豪；因为有了他，我们感到渺小。

然而，说来奇怪，当我真正感到自己十分渺小的时候，我的心却像"两个黄鹂鸣翠柳，一行白鹭上青天"那样地透明起来了。

原载《厦门晚报》1997 年 3 月 5 日

在古老的中国，几乎每个城市都有她标志性的建筑。天安门自不必说，她不仅是北京而且是中华民族的象征，武汉的黄鹤楼、成都的望江楼、杭州的六和塔、西安的大雁塔……那么，号称历史文化名城的漳州，她的标志性建筑在哪里呢？

老人们说，八卦楼。

小时候每到夏日的傍晚，母亲就要我到商店里买蚊香，那蚊香盒上的图画是那样地吸引着我：蓝天下，绿树簇拥着一座凌空的楼阁。我每次只买一圈蚊香，眼睁睁地看着店主人从架子上把盒子拿下来掀开合上又放回架子。我好几次鼓动母亲多买几圈，好要那个盒子，母亲总说没钱。有一次我眼尖，看到盒子里只剩下最后一圈蚊香，便大着胆子说，把盒子也给我吧。

油灯下，我反反复复地看着盒子上的楼阁，我从没见过这么漂亮的楼阁。我问母亲，这是哪里？母亲说，八卦楼。于是，在一个风和日丽的早晨，母亲带我上了八卦楼。

我们从龙眼营出发，走过几条街才到八卦楼。楼基有两人高，爬上楼基，走过一簇簇香蕉，进了一座庙，庙里不知供着什么神。母亲敬完神，带我上楼。楼底很暗，楼梯很旧，有一两个台阶的木头已经腐烂，母亲拉着我的手，帮我跨上去。上了楼，母亲把我抱到窗台上，指着窗外说，那是南门溪，那是新桥，那是旧桥，那是南山寺，然后转过一个窗子，那是渔头庙，那是北桥亭，那是塔口庵……还有对面，你看，那是半月楼，那是魁星阁。

啊，全漳州的房子都在我的眼底闪光。

几十年后，当我翻阅有关资料时，我发现我儿时的感觉没有错，八卦楼几百年来一直是漳州城最高的建筑。

八卦楼始建于明隆庆六年（1572年）。其时，距离郑和下西洋120年，大明王朝把触角伸向大海，显示一下国威，又缩回来，安享太平。而西方资本主义却悄然兴起，他们以海盗的方式开始向外扩张。1553年，葡萄牙人用行贿的方法，从明王朝地方官的手里取得了澳门的居住权。1571年，西班牙人占领吕宋岛，他们扬言，只要用1万个西班牙人就可以征服中国，最少可以占领沿海各省。大明王朝危机四伏。但"国威"的确还在，从皇帝到臣民都还沉浸在中央帝国虎视天下的美梦之中。地处东南边陲的漳州虽然倭患不断，经济却也繁荣，纺织业尤为发达，每年仅从月港出口纺织品的税收就有1万多两银子，作为地方长官，心态大概也是不错的。于是漳州知府罗青霄"拆城上旧楼建层阁，曰'威镇'"。威镇阁的高的确使漳州人感到前所未有的自豪，楼上的对联正是这种心情的写照："五名山二秀水，城外风烟连海峤；七真儒三及第，漳南文献甲闽瓯。"当没有见过什么世面的漳州人站在"势若华表撑空"的威镇阁上眺望芗江景色而怡然自得的时候，欧洲人正站在平台上用刚刚发明的天文望远镜，观察月球的山谷和金星的运行。

清初漳浦人蓝鼎元有一篇优美的散文叫《临漳台赋》，我很奇怪在这篇记叙漳州景观的散文里居然没有提到威镇阁，后来才知道其时威镇阁已毁于火灾。威镇阁的重建已是乾隆二年（1737 年）的事了。显然，1737 年的漳州地面正叨盛世之光，否则知府刘良璧大人不会想到重修威镇阁。但令人费解的是，他为什么要用八块宽方相同的长石铺成八卦形状来做阁基，而且每块石头上都按方位分别刻有"乾、坤、震、艮、坎、兑、巽、离"方正字？

八卦图与太极图一样，在中国文化中带有神秘的色彩，几千年来一直是一个解不完的迷。听老人们说，古早，漳州人好斗，自修了八卦楼之后变得温顺多了。这是愿望，还是巧合？有人把《易经》看成是中国思想和文化的核心，用来占卜的八卦图及其变化被看成是一种对世界的理解，是一种变化中的稳定，对立中的平衡。这正是一个统治者，也是一个地方长官心里所祈求的。这是一种潜在的"威镇"力量，于是威镇阁成了八卦楼，在高高的三层楼阁上，八面开窗，它不是单单为了让人们观赏风景的，它时时提醒人们，这是八卦图的实物建构，是一种稳定与安宁的象征。

在中国，几乎没有一座古建筑不留下神秘的色彩，这种神秘一方面来自宗教，一方面来自时间本身。时间是一位永恒的诉说者，它会把一件平平常常的往事变得色彩斑斓、诡谲多端。我们不可能也不必要去解开那些扑朔迷离的传说，因为这是一个深不见底、广袤无边的人心宝藏，只要你从不同的角度撷取一点，就可以得到启迪，就可以浮想联翩。俗称八卦楼的威镇阁，随着时间的推移自然会演化出许多神奇的传说。我只是不明白为什么关于八卦楼的传说常常和"鬼"联系在一起，仿佛那威震一方的楼阁里总是鬼魅横行。温和善良的漳州人把魑魅魍魉通通驱赶到那里，让威力无穷的八卦图去收拾，以求得城内的平安。小时候常听到这样的骂人话，"到八卦楼去吧"，那意思是，你没用，无路使，上吊去吧。民谚"跳水新桥头，上吊八卦楼"几乎妇孺皆知。这似乎又进了一步，不仅把死的，而且把应该死的人都往八卦楼里赶，潜在的意思还是为了自家的安宁。这意象常常使我想到关门。小时候，一到黄昏，或街上发生什么意外的事情，老人们发出的第一句话总是：快关门。把不安定的因素关在门外，便安全了。"关嘴比关门好"，这也是每个漳州人都熟知的民谚，去掉"祸从口出"这层意思，我们便可从中体会到漳州人那种从里到外，从外到里的封闭心理。现在已经很难寻找"上吊八卦楼"这句民谚的源头了，从大背景看，这不能不说与百年来中国人民的苦难无关。但它的确从一个角度曲折地反映出漳州人的某种封闭心态。八卦楼屹立江边，雄伟壮丽，视野开阔，登高望远可以让人心胸开广。然而漳州人却宁可躲在平平坦坦的"九街十三巷"内过安稳的日子，城市的重心从江边缩到山脚，显得没有活力。当人们忙忙碌碌，历尽艰辛却又生活无望的时候，抬头看看八卦楼尖尖的阁顶，心中难免充满一种绝望的凄凉。"上吊八卦楼"正是这种凄凉的回声。这与当年"五名山二秀水，城外风烟连海峤"的心态自然不可同日而语了。

几乎每个老漳州人都知道八卦楼，都能说出一两段关于八卦楼的传说和一两句与八卦楼有关的俗语。几乎每个漳州人都能从八卦楼及其传说俗语中体味到渴望稳定、祈求平安、温和善良、与人为善的民风，以及历史所赋予的些许苍凉与无奈。

所以，几百年来，八卦楼不但因为其雄伟壮丽，而且因为其丰厚的文化意蕴，成为漳州标志性的建筑。八卦楼是屹立于漳州大地的一本大书。一本最少写了400多年的书，自然是丰富而多彩的。

八卦楼在历史上历经磨难，几建几毁，几毁几建，而今的八卦楼是重建于公元1997年。

新的八卦楼，高51.88米，占地6.56亩，熔"高、阔、古、雅"于一炉，集旅游、娱乐、商贸于一体。新楼毗邻原址，濒临芗江，雄视丹霞，气势磅礴，不但再现当年"势若华表撑空"的英姿，与芝山亭遥相呼应，而且规制超前，展示了全新的时代风貌。如果说，原来的八卦楼要"威镇"的是邪恶，反映一种避恶趋善，宁静无为心态的话，那么，如今的八卦楼凌空欲飞，八面迎风，反映的是一种空前的开放精神。历史把曾有过海滨邹鲁之称的漳州，把出现过高登、颜师鲁、陈淳、张燮、黄道周、兰鼎元、蔡世远、蔡新、庄亨阳、林语堂的漳州，把拥有过"月港"的漳州，带到新世纪的交叉口，在这世纪之交的路口上，漳州别无选择。漳州人充分意识到仅仅拥有勤劳、善良、平和是远远不够的，还需要有广阔的眼界、开拓的精神、竞争的意识和不断进取的品格。漳州在变，漳州人在奋发、努力、勇敢地迎接新的挑战。400年前，当人们站在八卦楼上，吟诵"五名山二秀水，城外风烟连海峤；七真儒三及第，漳南文献甲闽瓯"而怡然自乐时，绝不会想到400年后的漳州人，站在新的八卦楼上，眼望四方风景，耳听八面来风，是一种什么样的宽阔胸怀。历史给漳州人带来前所未有的机遇，抓住机遇，实现经济腾飞，文化繁荣，社会全面进步，这对于漳州人来说，已不是理想，而是行动和逐步显示的现实。因为他们的手中拿着一把改革开放的金钥匙。八卦楼，重新屹立在漳州城南的八卦楼，它将是这一历史转折的见证，也将是漳州未来文化精神忠实的记录者。

八卦楼是古迹，也是全新建筑。它既是一册悠久而神秘的古籍，也是一本崭新而宏伟的新书。当我们的后人通过八卦楼阅读漳州历史，体味漳州文化精神时，将为我们这个时代感到自豪。

无疑，时逢盛世，能直接或间接参与八卦楼的建设，亲眼看到八卦楼重新拔地而起的漳州人，是历史的幸运儿。

我想我应该找个时候，带着我的孙子到八卦楼上去走走。只是不知道，我的孙子站在八卦楼上的感觉是什么，因为它早已不是漳州的最高建筑了。

原载《南方》1997 年第 1 期

罗伦古道

　　南靖金山镇有一座山叫鹅髻山，山上有一座庙叫九鲤飞真寺。从山下到九鲤飞真寺有一条用鹅卵石铺成的路，这就是罗伦古道。听说，古道全长3800坎，比福州鼓山的古道还要长。

　　如今时兴高速公路，对一般等级的路面都不怎么看得起，特别是那些有钱或有衔的人，他们坐在车上，略有颠簸，便皱紧眉头，这是什么路！想来，路是越平坦越宽敞越好。即使是上山，也要有环山公路，再怎么高的山，绕来绕去，也能把"奔驰""宝马"什么的绕到山上去。这样，坐在车上的人，走下来，看着脚下的云雾，感叹一声，真是神仙境界啊！

　　但人们有时也想走走路。想走路的时候，古道是最好的选择。什么东西一旦"古"了便有意思。时间会演绎出许多故事。

　　罗伦古道的魅力也在于"古"，在于由"古"演绎出来的故事。

　　罗伦是五百多年前明朝成化年间（1465—1486年）的状元。

　　查史书，确有罗伦其人。中国自有科举以来，产生过724名状元，罗伦是其中之一。我只是不明白，罗伦是江西永丰人，永丰在江西中部，他怎么会跑到福建南靖的金山来？有一种说法是，九鲤飞真寺的仙祖极灵，声名远播，传到江西永丰，罗伦慕名而来。罗伦是在晋京赴考时绕道而来的，为的是想问一问仙祖，此去能否考中。我想，这种说法一定是金山人说出去的，目的是想说明九鲤仙祖的灵验。传说不必论真假，传说本来就是一种愿望的载体。真真假假，假假真真，你信了就是真的。

当踏着古道的石阶往上走时，当盛夏炎热的风穿过浓浓的树叶变得清爽宜人地扑在我的身上时，我真真切切地感到，这传说一定是真的。

为什么不呢？

当初，穷书生罗伦到九鲤飞真寺时，对自己能不能考中是没有把握的。他想求仙祖托个梦，预卜一下自己的前程。没想到，他千里迢迢地来到鹅髻山，住了9个晚上，却什么梦也没有做成。一时性起，挥笔在寺院的墙上写下了一首诗：

千里求仙意甚虔，九宵无梦亦无眠；

神仙不识人间事，罗伦此去不回还。

题罢诗，穷书生罗伦拂袖而去。

罗伦的心情是可以理解的。这是一个不能把握自己命运的小人物的怨恨。这怨恨本来没有发泄对象，现在把它泼向神仙，这使罗伦显得又可怜又可爱。他本来可以做得很潇洒，真的一去不返。可是，偏偏走时忘了带雨伞，偏偏又雷声大作要下雨，偏偏半山腰上没地方再买一把雨伞，他只好折回寺庙。于是，他发现，他的诗已被改动，这一改动很合他的心愿：

千里求仙意未虔，九宵无梦岂无眠？

神仙尽识人间事，罗伦此去中状元。

显然，这是神仙所为，因为只有神仙才能不露痕迹地改动他的诗句，只有神仙才能预知未来。

罗伦毕竟是小人物，十年寒窗为的就是金榜题名，出人头地。他感恩戴德，叩头许愿，如果真能美梦成真，他一定修一条从山下到寺前的路，让更多人来朝拜。

果然美梦成真。罗伦是成化二年（1466年）殿试的状元。明宪宗朱见深以治道之纲目为问，他的卷子答得相当精彩。他的立论显然来自程朱理学，这是没有办法的事，而他在论述中，直斥时弊，洋洋万言，对百姓的疾苦，吏治的腐败都作了深刻的揭露，一时名震京师。

他于是当了官，他于是捐资修建了这条罗伦古道。

传说到此为止。谁也不去问罗伦后来怎么样了。

中国人喜欢大团圆的结局。大团圆无非有二种，一是金榜题名时，二是洞房花烛夜。罗伦的传说属于前者，它在人们的面前展示了一个辉煌的前程，这使九鲤飞真寺声名远播。九鲤仙祖是很有特色的神仙，专管人间的学历建设。有志于考大学考研考博的人们不妨学一学罗伦，到这里来试试运气。这里设有析梦室，可以在这里住一个晚上，睡个好觉，做个好梦。

其实罗伦的日子过得并不如意。他只当了几年翰林修撰，先在北京，后在南京，其间还因得罪了权贵，被贬到泉州当过市舶副提举。提举本来就是专事事务管理的小官，前面还加了个"副"字。以后，他称疾辞官归里，对他的状元卷子非常满意的皇帝也没有挽留他。回乡后，罗伦留意经学，著书立说。辞了官的罗伦虽然满腹经纶，依然是穷，衣食粗恶。有一次，人家可怜他，送给他一件衣服，他却在路上，把衣服盖在一具倒毙的饥民尸体上。有一次，家里没了米，妻子外出借贷，过午未归，他却依然在家里谈学不倦。他活了48岁，留下一部叫《一峰集》的著作，一峰是他的别号。在他死后的50年，朝廷才想起他的好处，追赠他为左春坊谕德，谥文毅。

把这个结局放到传说里去，一定令人扫兴。如果传说中真有这个结局，罗伦古道就失去了它的魅力。人们来到鹅髻山，辛辛苦苦地沿着古道往上爬时，他们的心中同时也在编织着美好的梦想。无端地用历史的真实去打破人们的美梦，实在于心不忍。

但觉悟的人似乎也还是有的。我在山上就听到一个年轻人说过这样的话，"中了状元又怎么样呢？"我实在佩服这位年轻人的勇气，他对自己的未来充满信心，不把状元放在眼里。

我终于没有走完古道。一是因为太长，走起来累人，二是因为，历经几百年的沧桑，古道已残破不全了。对于现代人来说，古道的"道"正在失去原来的实用价值，因为有今道可以代替，只留下一个"古"字，让人回味无穷。这或许就是人们所说的文化吧。

人们渴慕现代化，在享受现代化时，又喜欢怀古，喜欢从"古"中寻找一点什么。罗伦古道的实用价值和它所体现的价值观以及思维模式正在消逝，但它留给人们的思考却永远不会消逝。

我想，罗伦古道也会像所有的"古迹"一样，逐步地"热"起来。

原载《闽南日报》1997年12月14日

丞相祠堂柏森森

　　小时候常常看戏，看的是芗剧，芗剧大多是文戏，才子佳人看腻了，父亲便带我去看"摔死班"，"摔死班"就是京戏，京戏武打多，一打起来满台翻滚，漳州人称之"摔死班"。摔死班也不是每出戏都打，也有不打的时候，不打的时候便呀呀呀呀地唱，很烦人。那天我们去的时候，满台都是背上插着四面旗子的武将，锣鼓也很热闹，想来是必打无疑，谁知那些武将转来转去不打了，却推出一个坐轮椅的人，这个人挂五绺黑髯口，戴着蓝色的软盔头，斯斯文文地拿着鹅毛扇，一动不动，不像打仗的样子。父亲说，他是孔明。

　　这是我第一次认识诸葛亮。现在想来，那时大概正演着死诸葛吓退活司马一折，我记得那背上有四面旗子、盔上有翎子的大花脸一看到孔明便哗啦啦地后退，连声叫罢了罢了。伴随着他的台步是一阵"水底鱼"，哒哒哒哒……

　　后来，我就梦想着当孔明，或端坐帐篷，或安详轮椅，轻摇羽扇，神机妙算，总是打赢仗。稍长，我又常常听到这样的口头语，你又不是孔明，什么都知道，什么都会。而我对诸葛亮真正有点了解是在中学读了《隆中对》和《出师表》之后，但儿时对孔明的形象印象太深，很难完成诸葛孔明从神到人的转化。心里总存在着这样的疑惑，如此智慧的孔明怎么会没有打败曹操，完成统一大业？

这疑惑后来转化成一种无边的凄凉。促成这种转化是杜甫的"丞相祠堂何处寻？锦官城外柏森森。映阶碧草自春色，隔叶黄鹂空好音。三顾频烦天下计，两朝开济老臣心。出师未捷身先死，长使英雄泪满襟。"这首诗。

760 年的春天，四十八岁的杜甫踏访了武侯祠。在过去的四年里，杜甫经历了逃难、陷贼、遭贬，辗转流离到成都，在朋友的帮助下，在浣花溪畔修了草堂，颠沛之后暂得安宁，此时踏访武侯祠，心情不会太坏，但感受却是极深的，"出师未捷身先死，长使英雄泪满襟"说的是心里话。诸葛孔明的悲剧的确在于"出师未捷身先死"，一辈子辛辛苦苦兢兢业业为之奋斗的统一大业眼看就要成功了，却撒手人寰，尽管死诸葛还能吓退活司马，毕竟是撤退了，失败了，留下千古遗恨。诸葛亮的痛苦实在太大太深了，以致他没法带走，而要每个拜谒武侯祠的人来分担。宋朝的陆游说"兴亡信有数，星陨事可痛"；元朝的吴璋说"旧业未能归后主，大星先已落军前"；明朝的黄溥说"营坠将星人已远，江存图石恨难消"；清朝的陈廷楷说"鞠躬悲尽瘁，剩有讴歌"……一直到近人王天培还说"统一古今难，效死不渝，遗恨功名存两表"。诸葛亮的痛苦如长江之水从古到今不断地流淌，使整个武侯祠笼罩着凄凉悲怆的气息。

带着"出师未捷身先死"的一份痛苦和凄凉，我们于 1996 年冬天的一个上午来到武侯祠。大雾尚未散尽，阴沉沉，冷凄凄。刚走到门口，就有好几个人围过来，要给我们算命，男女老少不等，一定要我算一卦。别的地方似乎没有这么多相命先生，为什么唯独这里这么多？在民间，孔明神到几乎成了算命先生，记得香港出的一本什么书上，还介绍了《秘本诸葛神数》，"判断吉凶，如应斯音"。这么想着，心中徒增了一层悲哀。买了门票，进得门来，我立即想起杜甫的"丞相祠堂何处寻，锦官城外柏森森"诗句，"森森"二字再准确不过地表达了我此时的凄凉之情。

然而，"出师未捷身先死"的诸葛亮仅仅给我们留下这无边的遗憾和凄凉吗？

我在陈列室里慢慢地走着，看着，听着，想着。"臣本布衣"，为什么"受任于败军之际，奉命于危难之间"？一是为了统一大业，二是为了一个"情"字。为此，他鞠躬尽瘁，死而后已。作为一个政治家，"军不治而惟公治之，民不理而惟公理之，政不平而惟公平之，财不足而惟公足之"。用现在的话说，他为民办了许许多多的实事好事，表现出卓越的经世才能。他位极人臣，却又能从善如流，广采众长，虚怀若谷。他大权在握，却又兢兢业业，踏踏实实，以致达到"寝不安席，食不甘味"的地步。他功勋卓著，却从不居功自傲，不追求过分的名利和特权。他为官清廉，只靠俸禄为生，从不经营别的产业，从不以权谋私。他才学非凡，却谦虚谨慎，有自知之明。他生活俭朴，清心寡欲，无声色狗马之好……他是一个能人，他是一个好人，他是一个千古的典范，他是一个万世的楷模。弥漫在我心中的凄凉渐渐凝聚，化为一个沉甸甸的闪光的球体。他不仅给我们留下无边的遗憾和凄凉，他还给我们留下一份宝贵的精神财富。"孔明千载尚如生"，诚然。

走出武侯祠，算命先生们又围了过来，说你天庭饱满，说你前途无量。我哂然一笑，走自己的路。"谋猷期作圣，风俗奉为神"，中国之大，有把他当英雄的，有把他当神明的，有以他为楷模的，有利用他来赚钱的，这是没办法的事。小时候，我不也是把他当神看吗？

突然感到有点异样，一看，自己的影子赫然躺在地上。大雾已经散尽。回首武侯祠，尽管门外阳光灿灿，门内却依然显得清幽深邃，脑子里突然冒出"丞相祠堂柏森森"这样拼凑的句子来，顿悟，松柏万年，郁郁苍苍，这里，是我们中华民族的一个精神田园。

原载《闽北日报》1998 年 3 月 3 日

云洞岩散记

我们上云洞岩正好碰上好天气，风和日丽。

路很好，从 324 国道拐进去不到十分钟，便进入山下的停车场。妻仰望山顶说，这里要是有缆车就好了。我说，将来会有的。管理区的同志说，云洞岩如今是省级风景区，要开发的项目很多，如长山水库望岩休闲山庄、山峡戏水、摸拟高尔夫球场、岭兜亚热带植物园、九龙江北溪竹林大观园。妻说，这么多项目，要建到什么时候？我信口说，3 年。

从停车场拾级而上，两边是郁郁的荔枝林。林下，一间间饮食小吃店，栉比而去，一直到荔枝林深处。俗话说，玩在杭州，吃在漳州。漳州人讲究吃。如今把好吃的全搬到山下，有吃有玩，其乐无穷。大家嘻嘻哈哈地笑着，不知不觉穿过荔枝林，人已到了山腰。

小时候到过云洞岩，记忆最深的是它的洞和字。刻在石崖上的字，那么高，那么好看，神秘莫测，非仙人不能为。又听说山上有仙人脚印，便去找，一下子在岩石上找到许多石窟，都很像脚印。你说这个是，我说那个是，争得脸红耳赤。后来形成共识，你的是我的也是。仙人从我这里踩到你那里，信手就在崖上写字。那潇洒，那飘逸，令人陶醉。

而那些洞，不正是仙人休闲下棋的地方吗？

然而这洞却给了我平生第一个恐怖的感觉。进洞之前，大家都很勇敢，说，谁不敢进去谁就是女的。于是大家都进去，越钻越深。结果出不来，有的吓哭了。洞里很暗，很潮，连哭声听起来都阴森森、湿漉漉的。后来不知怎么的，就找到了出口。看到出口光亮时的感觉至今难忘。或许从那个时候起，才知道什么叫希望。

儿时的记忆随着时间的推移而淡化了。但那时的感觉却是准确的。云洞岩的魅力在于它的石，由石构成的洞和石上的字。

南明礼部尚书、漳浦人黄道周把云洞岩的石，连奇带险写得十分生动："尔乃侧径鉴崎，阴檐倚仗，巧态相媚，怒势争搏。六虬出而砥石枯，五丁归而巨掌落。欲坠而悬者，上系一丝之鼎；穿崖而出者，下建百丈之旄。皆拂天根，尽离地足。使鬼为之，则劳神矣，胡爷凿焉，而无迹哉。"在这奇妙的石上刻上名人的字，自然是锦上添花了。听说云洞岩的摩崖石刻有一百多处。最著名的当推理学大家朱熹的"溪山第一"和"石室清隐"。书法雍容高雅。朱熹于宋光宗绍熙元年（1190 年）出任漳州知府，在漳州近一年，"约馈、宽赋、简役、劝农、办学、善政"，做了许多好事，又最后完成《四书章句集注》，一定忙得很。他一定是忙中偷闲上了云洞岩，才留下这八个字。"溪山第一"自然是知府大人的溢美之词，而"石室清隐"则无署名。朱熹生于宋高宗建炎四年（1130 年），其时，知漳州已是花甲之年了。他是不是觉得有点累，脑子里闪过到山上来休息一下的念头？山上清凉幽静的"石室"，远离尘世，实在是一个读书休息的好地方。其实谁都有累的时候，所以，"石室清隐"

有它永恒的魅力。

朱熹想休息一下的石室其实是个石洞，一个比较浅而便当的洞，就在如今的朱子祠的附近。我们在朱子祠驻足，又在"石室清隐"流连。山不在高，有仙则名。朱熹的确给云洞岩增添了许多光彩。大家一边走着，一边议论，很快就过了三月峡、佛母殿，来到千人洞。我不知道这千人洞是不是我儿时历险的洞，即使是，现在有了导游，便失却了当初的心境，只留下一个"幽"字。元人诗云："天生洞穴受千人，隐隐幽处隔世尘。不识人间经几劫，洞门依旧锁闲云。"明人诗云："片石千人屋，天工太泄机。海风吹不破，应待野云归。"两首诗都提到云，闲云与野云同。闲野皆幽，闲野皆静，闲野皆清。这对于太多热闹，太多烦恼的现代人来说，有很大的吸引力。尽管没有一个想终老山野，却没有一个不想享受一下这清幽带来的闲适。闲适，是人类永远的向往。但是，人为了生存，为了创造，为了美好的未来，必须忙碌，必须奋斗。越到后来，闲适越成为人类的奢侈品。

出了千人洞，不远便是"一线天"。小时候对"一线天"没有留下什么记忆，而现在却感受颇深。到过许多名山，许多名山都有"一线天"，但大都没有云洞岩的奇与险。我差一点过不去。被夹在两片巨石之间的感受不亚于儿时在黑暗的洞里，只是我的眼睛看着头上那一线蓝天，多少还有一点安慰。在前面的妻笑着说，你的肚皮太大了，回去得减肥。我脑子里却闪过这样的诗句："鬼斧神工劈山崖，岩洞一线冲天开。"不管是神是鬼，反正有人把岩石劈开了。要有一双手把这两块巨石再合拢起来，把我夹在中间，那会是一个什么样子呢？

我到过许多"一线天"，只有云洞岩的"一线天"给我这样的感觉。

我想，好奇好险的人们都应该去经历一下这种感受。

我们到山顶时已近中午。阳光很好、很灿烂，把我们的影子个个雕得活灵活现的。看着自己的影子在岩石上跳荡，有一种很调皮的感觉。都说照相，照相，把影子永远留在山巅。照了相，妻心满意足地看着山下说，这里与鼓山差不多。她是在鼓山的缆车上眺望过乌龙江的。其风光与这里眺望九龙江的确有相似之处。但我们很快就被风动石吸引过去了。对于风动石，大家并不陌生，听说这风动石是最大的。同行的有一个漳州通，当场吟起明代龙溪知县刘天授的诗，"突兀千峰上，临空势欲敧。我来时一抚，天地见圆玑"。并说，此景曾载入大宋《皇舆胜览》。大家便都稀罕起来，争着去推一下。我说，小心，别把它推下去了，山下有人。大家都笑了。

风动石居高山之巅而闻风而动，处千年之险而遇变不惊。这的确是大自然的一个奇观。

下了山，大家为在哪里吃饭议论了一阵子，最后决定到江东吃鲈鱼。江东鲈鱼天下闻名，离这里只有几里路，为什么不去？我不知道这江东鲈鱼的名气是来自它的美味，还是来自江东桥的名声。江东桥建于南宋嘉熙年间（1237—1240年），是与泉州洛阳桥齐名的古桥。听说江东桥已经列入云洞岩风景区的建设规划之中，这是一个大工程。从云洞岩到瑞竹岩、石室岩、万松关，再到江东桥，山险石奇洞幽水秀；汉朝故道、唐代石塔、宋时桥梁、明际城堡……还有300多处历代摩崖石刻。听说龙文区政府已经把云洞岩风景区的开发作为招商引资项目，推向"9·8"洽谈会。

从云洞岩回来，大家相约三年后再上山。

3 年很长也很短。小时候上云洞岩，一晃已经十几个 3 年了。然而 3 年对于建设者来说，却是 1000 多个日日夜夜。到时，一个"集休闲、娱乐、体育为一体，最大限度地满足现代人拥抱自然，返璞归真愿望"的全新的云洞岩风景区将会展现我们眼前。

原载《南方》1998 年第 4 期

话李泌

能上能下

　　我第一次看到李泌的名字是在《太平广记》里，当时一下子就被吸引住了。

　　开元十六年（728 年），唐玄宗召集儒、道、释三教讲论，一个名叫员淑的只有 9 岁的孩子"词辩锋起，谭者皆屈"。玄宗奇之，问，有像你这样的奇童吗？员淑说，我舅舅的儿子比我更能干。

　　这个比员淑更能干的孩子便是李泌。

　　其时李泌 7 岁。当着皇帝的面，大文豪张说请他以"方圆动静"赋诗，李泌当即吟道："方如行义，圆如用智，动如逞才，静如遂意。"

　　举座皆惊。

　　我也吃惊。这水平要是现在，可以上中国人民大学"少年班"。

　　后来读《旧唐书》《新唐书》和《资治通鉴》，知道李泌是大唐中兴名臣，而我却戏称他为"神仙宰相"。

　　他"神"在哪里"仙"在何处？在能上能下，该来就来，该走就走。

　　李泌御前赋诗后，成了太子李亨的布衣朋友。后遭忌出京，入衡山，求道访仙，自称"山人"。他的第一次出山是安史之乱后。其时，唐玄宗入蜀，太子李亨在灵武即位。李泌赴行在，成了帝王师。

他为李亨制定"以逸待劳"的战略，并断言两年内可以消灭叛贼。这对于一片惊慌的大唐君臣来说，的确起了定心丸作用。他是以布衣的身份参与朝政的，有一点名不正言不顺。所以议论纷纷。有一次他和皇帝骑马外出，士兵们甚至指着他们说，"穿黄衣服的是圣人，穿白衣服的是山人"。李泌无所谓，以他的本意，做完事就走人。而李亨却设了一个圈套，让他穿上官服，再封给他一个官叫元帅府行军长史。大概相当于参谋总长吧。仗本来按李泌的战略，打得比较顺利。可不久李亨就变了卦，他急于收复长安，坐金銮殿。李泌苦口婆心，无济于事。长安是收复了，战争却不幸如李泌所料，"征战之事未有涯也"，由于没有消灭敌人的有生力量而拖了8年，从而酿成藩镇割据的局面。这是史学大家范文澜的看法，我非常赞成。在人们庆贺收复两京的欢呼声中，李泌乞归山林。他是在受到恩宠的情况下自请归隐的。皇帝请他喝酒，和他同榻而眠，要是换了别人，一定高兴得不知道"星期几"，躺在皇帝的身边做荣华富贵的美梦。他却坚持了自己的原则：既然没办法为国家做一点有益的事情，那就走吧。"遂隐衡山，绝粒栖神。"我想不吃饭不大可能，又有说不吃肉，专吃果子的，这比较可信。

李泌的第二次出山是在5年之后的宝应元年（762年）。是李亨的儿子唐代宗李淑把他请出山的。这也是一个多事之秋。太上皇李隆基驾崩之后，李亨驾崩。宦官李辅国杀皇后张氏，立太子李淑。河东军乱，杀节度使。北庭行营军乱，杀节度使。党项人掠同官、华原。剑南兵马使造反。浙东台州人袁晁造反，连下数州……唐代宗派人到衡山把李泌请出来，"舍蓬莱殿书阁"，并为他娶了亲。本想拜他为相，却不能见容于宰相元载等人，先迁江西观察判官，后迁杭州刺史，"皆有风绩"，也就是很有政绩。

李泌的第三次出山是在兴元初。兴元的年号只用一年，所以兴元初其实就是 784 年年初。史书上没有说他从哪里来。只说"德宗在奉天，召赴行在"。是直接从杭州赴行在，还是归山后再召赴行在。不得而知。虽然"拜中书侍郎、平章事、集贤崇文馆学士、修国史"。但他已经是一个 63 岁的老人了。面对多灾多难每况愈下的大唐帝国，他冒死谏争，反对废储，保证朝廷的稳定。他以身家百口为浙江江西节度使韩滉作保，使韩滉免受谗害。他对唐德宗说，"愿陛下勿害功臣。即如李晟、马燧，功高遭忌，若陛下信谗言，一或加害，恐藩臣卫士，无不扼腕，变乱滋生"。时方镇跋扈，宦官专权，德宗多疑。李泌的话实在是一服良药，对于稳定政局是很有作用的。李泌光明磊落，有话直说，从来不懂得什么叫"小心"，认为"小心乃奸臣之态"。

这一次出山，他干得太累了，还没来得及离去就死在任上，享年 68 岁。

他对自己的死是有预感的，一年前他就预言自己的死。依他的性格，他应该及早离去，回到衡山，与松鹤为伴，把尸骨留在青山绿水中。可他没有。是荣华富贵留住了他吗？不是。他人在富贵中，心留山野间，"好谈谑神仙鬼道"，有时甚至到虚幻的地步。有一次，人家送他一坛酒，他拿出来请客，却说是"麻姑送酒来，请君同倾"，酒还没喝完，人家来讨酒坛子，他把酒倒出来，再把酒坛子还给人家，一点也没有不好意思的样子。这样的人，怎么会迷恋荣华富贵？他没有离去是因为要做的事情太多了。他说过,"请君看取百年事,业就扁舟泛五湖"。他是想"扁舟泛五湖"的,可惜业未就,事未了。

对于封建史家,李泌是一个谜:"泌之为人也,异哉!其谋事近忠,其轻去近高,其自全近智,卒而建上宰,近立功立名者。"我以为,李泌的本质是一个"山人",他内心渴望自由自在,他的出山只是出自一种对社会的责任感。套用外圆内方的说法,或许可以名之为"外儒内道"。至于"卒而建上宰",那是别人的事,与他无干。

自古以来,当官的都很功利,把乌纱帽看得很重。像李泌这样的不多。常言道,物以稀为贵。人又何尝不如此?李泌的头上曾经有过许多乌纱帽,可他把它们拿在手上,很随便,说扔就扔。

我们现在时髦说"潇洒"。我不知道"潇洒"指的是什么?是指很有钱,还是指一种拿得起放得下的精神状态。如果是后者,我想,1000多年前的李泌,比我们潇洒得多。

原载《闽南日报》1999 年 5 月 25 日

房玄龄 的爱情

房玄龄是贞观名臣，《新唐书》上说他，"玄龄当国，夙夜勤缮，任公竭节，不欲一物失所。无媢忌，闻人善，若己有之。明达吏治，而缘饰以文雅，议法处令，务为宽平。不以己长望人，取人不求备，虽卑贱皆得尽所能"。是一个好宰相。但我最感兴趣的是他的爱情故事。

《隋唐嘉话》有一则这样的故事：梁公夫人至妒，太宗将赐公美人，屡辞不受。帝乃令皇后召夫人，告以媵妾之流，今有常制，且司空年暮，帝亦有所优诏之意。夫人执心不回。帝乃令谓之曰："若宁不妒而生，宁妒而死？"曰："妾宁妒而死。"乃遣酌卮酒与之，曰："若然，可饮此酖。"一举便尽，无所留难。帝曰："我尚畏见，何况於玄龄！"

房玄龄的夫人姓卢，她的"妒"可称得上天下之最。皇帝老子不怕，死也不怕，有谁能与她相匹敌？最后让步的不是她，是皇帝。雄才大略、举世无双的李世民在她面前也无可奈何，只好说"我尚畏见，何况於玄龄！"给自己找台阶下。

但是，如果我们把这种"妒"理解成为"爱"呢？

应该说，妒是爱的一种表现，不爱即无妒。很难找到没有妒的爱，只是卢夫人的表现有些过分。她的过分，自有她的道理。

《朝野佥载》有一则这样的故事：唐左仆射房玄龄少时，卢夫人质性端雅，姿神令淑，抗节高厉，贞操逸群。龄尝病甚，乃嘱之曰："吾多不救，卿年少，不可守志，善事后人。"卢夫人泣曰："妇人无再见，岂宜如此！"遂入帐中，剜一目睛以示龄。龄后宠之弥厚也。

从这里我们可以看出，卢夫人不但美丽端庄，而且对爱情忠贞不贰，只是做法上有些极端。

我们回过来看房玄龄。

与卢夫人相比，房玄龄的爱情显得更博大、更深沉一些。他没有把她当成私有财产，为她的幸福着想。他病危时对她说，"吾多不救，卿年少，不可守志，善事后人"。这种心胸的开阔，思想的开放，就是在今天也是令人敬佩的。当她挖掉自己的一只眼睛，以此表示爱情时，"龄后宠之弥厚也"。"宠"与"厚"连起来，中间加一个"弥"字，可见房玄龄对妻子的爱了。

很难想象房玄龄当时的心境。是不是可以做这样的理解：既然你认为挖掉一只眼睛，永远生活在我的身边是幸福的，那么，你的幸福也就是我的幸福了。

然而，再怎么漂亮的女人挖掉一只眼睛，看起来也不那么顺眼。房玄龄却要看几十年。而且这几十年，又是卢夫人专制的几十年，绝不允许他去看别的女人。

房玄龄不是一般人。他活了 71 岁，当了 15 年宰相。他出身官宦人家，父亲是隋朝司隶刺史，他 18 岁中进士，当过隋朝的羽骑尉。中年以后，他一直是唐太宗的股肱大臣。从某种角度说，这几十年是他高官厚禄的几十年。一个如此高级别的高级干部，和一个独眼女人厮守几十年，而且要容忍她极端的妒忌，的确不是一件容易的事。

他是不是有过累的感觉，做过纳妾的打算？当时，他大可不必要离婚，三妻四妾是合法的，所谓"媵妾之流，今有常制"。我想，有这种可能。要不，就很难理解李世民的这句话，"我尚畏见，何况於玄龄"！显然他的这种打算遭到卢夫人坚决的反对，而且这种打算和反对不止一次，要不，就很难理解卢夫人的妒忌会如此出名，以至连皇帝都知道。

如果真是这样，是不是有损于房玄龄的高大形象呢？

我想也不会。

爱美是人的天性。看惯了一只眼睛的妻子想看一看别的女子，这也是人之常情。宰相府里的女人一定不在少数，比卢夫人年轻美貌的也一定会有。日理万机的房玄龄，偶尔动了春心，看中了哪个经常在身边走来走去的年轻貌美的女子，似乎也不是不可能的。当然，由此而引发的烦恼也是可以想象的。

如果真是这样，房玄龄倒更像一个有血有肉的男人了。有一点非分之想，和妻子闹一点小别扭，然后，在妻子的坚决反对之下，改正了自己的"错误"。这样的房玄龄似乎更可爱一些。

我由此想起日本的一部电影，名叫《火宅之人》。说的是作家桂与三个女人的故事。桂为应付出版商之邀，拼命写作，而他的长子不幸患脑炎瘫痪在床，后又死去，加上妻子郁郁寡欢和冷淡，他不由自主地逃出家庭，想在女演员惠子那里得到安宁。可是惠子怀孕之后，又成了他的精神负担，自由与责任不能两全，他陷入更深的痛苦之中。而德子的出现使他达到另一种境界。她不问桂从哪里来，到哪里去，想做什么和应该做什么，只是爱他，照顾他，享受与他同行的快乐与和谐。她是把他作为自然人来接受的，在他们中间，没有身份的差异，没有社会角色和责任的打扰，只有两个自由人的无拘无束与平等。

我想，房玄龄需要的正是德子这样的女人。

然而，这样的女人就是在现在也只是一种超现实的理想的化身。

房玄龄只好去忍受妻子的"至妒"了。好在，他"宰相肚里能撑船"，"取人不求备"，更何况是对自己坚贞不二的妻子？不能说他一点也不累，但他毕竟活了71岁。"人生七十古来稀"，很可以了。

原载《闽南日报》1999 年 6 月 22 日

好人冯道

近读《旧五代史》，有些感想。

五代是中国历史上最为动荡的时期，时逢乱世，做人难，做官更难，做一个于心无愧的好官，就难上加难了。

冯道是一个好人，也是一个好官。

冯道，字可道，生于唐中和二年（882年），卒于后周显德元年（954年），活了73岁，寿与孔子同。他25岁时，唐亡；他死后四年，北宋立。他一生的大部分时光是在五代的动荡中度过的。

在近50年的政治生涯中，他"历任四朝，三入中书，在相位二十余年"。是个有名的"不倒翁"。因此，封建史家说他"不忠""一女二夫，人之不幸，况于再三者哉！"所以他得不到"文贞"，或"文忠"的美名。

我想，这怪不得他。

皇帝走马灯似的换，大都是一些由节度使抢得天下的野心家，忠于谁都不大合适。他只好忠于自己的良心。

他在一首诗中这样写道："但知行好事，莫要问前程。"

在另一首诗里又这样写道:"道德几时曾去世,舟车何处不通津。但教方寸无诸恶,豺虎丛中也立身。"

看来,这不只是说说而已。

最少有几件事可以证明。

第一,敢于直言。他先事幽州节度使刘守光为幕僚。刘守光是个残暴的人,"道常以利害箴之,守光怒,置於狱中"。事后唐庄宗时,有一次庄宗与首辅郭崇韬发生矛盾,"遽令道对面草词,将示其众"。冯道久久不肯落笔,从容劝说庄宗以大局为重,注重君臣团结,免为强敌所乘。敢于在皇帝盛怒之下犯颜直谏,史称"人始重其胆量"。后唐明宗是五代比较清明的皇帝,有几年连续丰收。明宗问他,"今岁虽丰,百姓赡足否?"他说,"农家岁凶则死于流殍,岁丰则伤于谷贱,丰凶皆病者,唯农家为然"。同时他用自己走山路小心而没有摔倒,走平路大意而"俄至颠陨"的切身体会提醒皇帝,"凡为天下者亦犹是也"。并引用晚唐诗人聂夷中的《伤田诗》,劝告明宗,时刻记住百姓的疾苦,使明宗十分感动。

由此可见,他的直谏精神不亚于魏征。可惜他没有魏征幸运,生不逢时。

第二,在民族灾难深重时,他仍不忘黎民百姓,用自己的方式去拯救百姓。天福十二年(947年),契丹攻入汴京,契丹皇帝耶律德光问冯道:"天下百姓,如何可救?"冯道说:"此时百姓,佛再出救不得,唯皇帝救得。"表面上吹捧耶律德光,实际上是希望他救救生民。用心良苦。所以后人评说,"人皆以谓契丹不至灭中国之人者,道一言之力也"。后来,冯道被俘北行至常山,与汉族军民共同驱逐契丹将解里,并"率同列，四处安抚"，使离乱中的百姓能"因事从宜，各安其所"。面对入侵者，奋起反抗是英雄，而像冯道这样，用可能的方法来保护百姓，也是一件不容易的事。后周太祖郭威向冯道问政，冯道给他送上一本他手抄的《贞观政要》，说："行节俭，去苛政，罢营田，举贤能，天下太平。"郭威是五代时期一位有作为的皇帝，可惜过早去世，第二年，冯道也去世了。

第三，他在明宗时，主持《九经》的雕版刻印，历四朝，共22年，于他去世前一年，即后周广顺三年（953年）完成。由于他的努力，儒家经典《九经》得以"雕为印版，流布天下"。人民出版社1958年2月出版的《中国印刷术的发明及其影响》一书称，"五代刻书对后世影响最大的，自然是冯道"，这是我国文化史上的一件大事，也是世界印刷史上的一件大事。

用现在的说法，这也许可以说是他的政治表现吧。

他的人品也不错。他从小"不耻恶衣食""为人能自刻苦为俭""平生甚廉俭"。有几件事给我留下深刻的印象：一、他在军中，从不搞"特殊化"，睡在茅草房里，"不设床席，卧一束刍而已"，他把自己的俸禄拿出来，"与仆厮同器而食"。在他当中书舍人、户部侍郎时，"闻父丧，即徒步见星以行，家人从后持衣囊追及之"。在家乡，"遇岁俭，所得俸余，悉赈于乡里。道之所居，唯蓬茨而已。凡牧宰馈遗，斗粟匹帛，无所受焉"。用当今流行话说，既艰苦节俭，又不接受贿赂。二、他在军中，诸将把抢来的美女送给他，他虽"不能却"，却把她们藏起来，然后"访其主而还之"。在常山时，他自己已沦为俘虏，但"见有中国士女为契丹所俘者，出囊装以赎之，皆寄于高尼精舍，后相次访其家以归之"。

038

这很见他的风格，既坚持原则，又讲究策略。三、有一次，有个人因事在他的宰相府门前，破口大骂，左右数报，他假装没听见，最后，他说："此必醉耳。"把那个骂街的人请进来，"开尊设食"，没有一点生气的样子。又有一次，有一个人在汴京市里卖驴，在驴的脖子上挂一个牌子，上面写着"冯道"。有人报告他，他说："天下同名姓人有何限，但虑失驴访主，又何怪哉！"真是"宰相肚里能撑船"。

这些都是小事。

但我私下里想，这样的小事，我们当今的领导们、经理们不知是否能做到？

难怪史称他"以持重镇俗为己任"。

冯道有《长乐老自叙》及《荣枯鉴》存世。

人无完人。生逢乱世，冯道已经相当不容易了。

我们在各种"讣告"里，常常看到伟大的"家"和"战士"。而我们对于历史人物却常常用"虽然……但是……"。

我想，我们能否以更加宽容的态度对待历史，对待历史人物，设身处地地为他们想想。多一点肯定，少一点"但是"呢？

宽容地对待历史，这应该是一个开放时代应有的气度。

原载《厦门文学》1999 年 9 月号

开放的韩延徽

　　韩延徽活了 78，当了四十多年宰相，而且用现在的话说，很有政绩，按理，是很有名气的。

　　可是，很少人知道韩延徽，就是在文史类的大学生当中，知道他的人也不多。

　　他的不出名应该怪他自己，因为他让正统的史家们有些尴尬。

　　关于韩延徽的史料主要来自北宋司马光的《资治通鉴》、南宋叶隆礼的《契丹国志》和元代脱脱等的《辽史》。

　　辽朝（契丹）从建国到亡国，满打满算 215 年，而韩延徽事辽 46 年，占五分之一强。这又是不寻常的 46 年。

　　后梁乾化三年（913 年），32 岁的韩延徽作为燕帝刘守光的使者来到契丹。那时，契丹虽已建国，但一切都在草创之中，连年号都没有，实际上是一个比较紧密的部落联盟。而所谓的"燕帝"刘守光也只是一个无才无德的边帅。《契丹国志·韩延徽传》中说："太祖怒其不拜，留之，使牧于野。"太祖就是契丹开国皇帝阿保机，严格地说，那时他还没有称帝，他真正称帝是在 3 年后。

韩延徽的"不拜"，是他的骨气。尽管他的主人无德无才，但他毕竟代表平等的一方。阿保机的"怒"也有他的道理，他自认为我是一个国君，你一个边帅的使者为什么不拜？于是让他到草原上去牧马。

牧马就牧马，韩延徽不屈服。

两个男子汉硬碰硬，碰出了火花。

后来女人说了话。这是一个不寻常的女人，她就是阿保机的妻子，小名叫月理朵的述律氏。她说："延徽能守节不屈，此今之贤者，奈何辱以牧圉，宜礼用之。"于是，"太祖召延徽语，悦之，遂为谋主，举动访焉"。

"召延徽语"，说什么？无从查起。但从韩延徽的"政绩"中，不难想象出当时召见的情景，一个虚怀若谷，一个对答如流。相见恨晚。如果当时有秘书的话，那一定是一篇草原上的《隆中对》。

"攻党项、宝韦，服诸部落，延徽之筹居多。乃请树城郭，分市里，以居汉人之降者。又为定偶配，教垦艺，以生养之。""太祖初元，庶事草创，凡营都邑，建宫殿，正君臣，定名分，法度井井，延徽力也。"

政绩斐然。

这是对一个新生王朝从军事到政治再到经济又到文化的全方位的贡献。

但开头几年，韩延徽是痛苦的。

他一方面忠心辅佐阿保机，一方面又不能忘记自己是个汉人。不难想象一个受过正统儒文化教育的知识分子身在异族所受的精神折磨。他终于忍不住，"慨然怀其乡里，赋诗见意，遂亡归唐"。可惜找不到韩延徽留下来的诗文，没有办法了解他当时的心境，我们只能从他的行动中去体会他内心的痛苦。

然而南朝并没有给他施展才华的机会，他受到猜疑，"不自安"，只好在探望母亲之后，又回到契丹。这次复往是理智战胜感情的明智之举。朋友为他担心，说："叛而复往，得无取死乎？"他却满怀信心地说："彼失我，如失左右手，其见我必喜。"果然，阿保机十分高兴，"待之益厚"，并赐名"匣列"，"匣列"是契丹语，意为"复来"。

从此，他安心事辽。

辽太祖时，为政事令，崇文馆大学士；太宗朝，封鲁国公，仍为政事令，后改三司使；世宗朝，迁南府宰相，"建政事省，设张理具，称尽力吏"；辽穆宗应历年间，致士。应历九年（959年），卒。"上闻震悼，赠尚书令，葬幽州之鲁郭，世为崇文令公。"

他是一个汉人，一生事辽，这是正统史家们感到尴尬的地方。说好不是，说不好也不是。说好，汉人而事"夷"，感情上很别扭；说不好，人家又明明很有政绩，道理上说不过去。最好的方法是：干脆不说。

这是我们知之甚少的原因。

在我看来，韩延徽是一个值得大书特书的人物。他在辽四代皇帝的支持下，在我国的北方，全方位地实施改革，把汉文化带进草原，用现在的话说，是很有"开拓精神"的。在他的大力推动下，辽朝实行南北两制，"以国制治契丹，以汉制待汉人"。这种政体，不但保证了辽朝的政治稳定，促进幽云地区经济文化的空前繁荣，也带动了北方草原经济文化的全面进步。在中原文化与草原文化的结合上，韩延徽功不可没。

从历史的角度看，每次中原文化与少数民族文化相结合，都促使中国社会的全面进步。我们总是为盛唐感到骄傲，但我们也没有忘记，唐朝"大有胡风"，正是这种来自北方少数民族的"胡风"，使华夏文明更加朝气蓬勃，更加博大精深。有辽200年，正是中原文化与草原文化融合的200年，为以后的金、元、明、清文化打下了坚实的基础。到了清朝，"夷"字已不再指境内的少数民族，而是指各种各样的"洋人"了。

这难道不是一种进步吗？

在这种进步中，我们不能忘记韩延徽，不能忘记在他的身上所体现出来的那种开放的文化精神。

原载《厦门文学》1999年9月号

闲话 李渊

　　无论是《旧唐书》还是《新唐书》，第一个讲到的就是李渊，因为他是唐朝的开国皇帝，没有他，便没有大唐近 300 年的江山。

　　但史家们对他有些非议，最大的非议就是在太原起兵时畏缩不前，是让他的儿子李世民硬逼上去的，也就是说，太原起兵全是李世民的功劳。

　　我不学无术，喜欢用土办法想事情。

　　我粗粗算一下，隋大业十三年（617 年），太原起兵时，李世民 18 岁，李渊 51 岁，而起义的准备要更早一些。一个 51 岁的父亲事事糊涂，在事关身家性命的关键时刻优柔寡断，而一个 18 岁的孩子却英武果断，处处起主导作用，不大合情理。51 岁，刚过孔子所谓的"知命"之年，这是一个人的黄金时期。李渊其时是太原留守，唐国公。几十年宦海沉浮，具有丰富的政治斗争经验的李渊怎么会如此糊涂？用现在的话说，他是一个年富力强、经验丰富的领导干部。太原起兵起主导作用的应该是李渊而不是李世民。

后来我才悟到，李渊的毛病出在不被理解。他的不被理解有两个原因：一是他在太原起兵之前运用韬晦之计用得太成功了，他把自己装扮成一个胸无大志，沉湎酒色、胆小怕事之徒，不但蒙骗了他的对手、他的表弟隋炀帝杨广，蒙骗了天下人，也蒙骗了他的部下和儿子；二是他的儿子李世民后来太成功了，历史总是为成功者歌功颂德。史家们有意无意地把所有的功劳都记在李世民的身上。

李渊一生的最大特色是，老谋深算，大智若愚。这种人不容易被理解。不被理解的人是一个孤独的人。他的孤独不但在生前，而且在死后，《资治通鉴》对他的记载显然就有些不公道。《资治通鉴》的影响使他在历史上黯然无光。明末清初的思想家王夫之曾为他说过话，他在《读通鉴论》中说："高祖犹慎之又慎，迟回而不遽起，故秦王之阴结豪杰，高祖不知也，非不知也，王勇于有为，而高祖坚忍自持，姑且听之而以静镇之也。"

这话说得很透彻，可惜看到这话的人不多。

好在李渊想得开。

李渊想得开表现在，武德九年（626年）六月三日的玄武门之变以后，他让出皇位，当上了太上皇。

李渊当了九年皇帝，不能说他没有政绩，他进行了成功的统一战争，致力于国家制度的重建，为贞观之治打下了良好的基础。但是，精明强干，老谋深算的李渊却碰到了一个大难题：儿子们明争暗斗，你死我活。他犯了个错误，用一首当今流行歌曲的歌词，叫"心太软"。也难怪，都是自己的亲生儿子，护了谁，压了谁都不合适。手心手背都是自己的肉。这个时候，做父亲的李渊真正显得优柔寡断了。可悲的是，他不仅仅是父亲，他更重要的是皇帝。悲剧终于在他的眼皮底下发生了。李建成、李元吉死了，李建成的五个儿子和李元吉的五个儿子也死了。一天之内李渊失去了12个孙子！透过史家那冷冰冰的笔，我们完全可以理解作为父亲，作为祖父的李渊的痛苦。他不能再让李世民为难了，最好的办法是把皇帝的位子让出来。

很难说如果李渊不及早让出帝位会发生什么事情，但他一定不会忘记隋文帝的结局。他比杨坚高明的地方就是想得开。当皇帝并不轻松，他用了7年的时间剪灭群雄，还要对付来自北方突厥的威胁。如今又加上子孙们的悲剧。他太累了。

历史证明，他的让位是一个明智之举。李世民比他干得更好。

虽然太上皇的生活比起在位时难免有些冷清，但从总体上看李渊是愉快的。开头几年，他还住在原来的太极宫，以后又迁入李世民专门为他建的大明宫。他喜欢打猎打马球，也喜欢和妃子们喝喝三勒浆——一种从波斯来的甜酒，听听胡歌，看看胡舞，不会感到太寂寞。而使他的太上皇生活感到充实的，是儿子李世民的成功。他亲眼看到贞观之治的辉煌，这对于一个60多岁的老人来说，自然是一个莫大的安慰。这或许会多少抹去一点玄武门之变在他心中留下来的凄凉。有两件事使他特别高兴。第一件是贞观四年唐将李靖在东突厥的胜利，生擒突厥可汗颉利。当初，他为了取得突厥的支持，曾对突厥称臣。这是他的一块心病。他兴奋非常，在凌烟阁大宴群臣，"上皇自弹琵琶，上起舞，公卿迭起为寿，逮夜而罢"。第二件是贞观八年，这时，天下大治，四方臣服，在一次宴会上，"太宗又奉觞上寿，流涕而言曰：'百姓获安，四夷咸附，皆奉遵圣旨，岂臣之力！'"不管李世民的话是不是真诚，他在公开场合下把功劳归到父亲的名下，这不能不使年近古稀的李渊感到极大的满足。

李渊是在贞观九年（635年）去世的，他死的时候正届古稀之年。他是在他所开创的大唐帝国走进辉煌时闭上眼睛的。不管史书怎么说他，作为人，他比谁都值。

原载《闽南日报》2000年3月21日

消逝的羊群

　　小时候看芗剧《柳毅传书》，龙女三娘在渭河边牧羊，她挥动着带红穗子的鞭子，不停地唱着凄凉的歌。我的脑海里浮现出这样的画面：蓝天下清水畔，一群羊白云般地散落在绿茵茵的草地上。公羊、母羊、羊羔，它们时而静静地吃草，时而欢快地跳跃，纯朴，天真，可爱。

　　说不清这想象是从哪里来的。因为我对羊的第一次真实的感受是在城里。那时我们家住在漳州东坂后，由此往西北不远便是市郊。每天都有一个老人赶着一群羊从我们家门口经过，早上出城，晚上进城。一群是几只？我数过，可没有一次数得准。有时是 30 只，有时是 28 只，有时是 33 只，烦了，就不数了。

　　赶羊的阿伯不管晴天雨天，都背着一顶斗笠。他的脸上布满皱纹，常常使我想起桃仔核，我因此私下里叫他桃仔核阿伯。一次，我斗胆问他：

　　"桃仔核阿伯，你每天赶羊做什么？"

"什么？"

他显然没有明白我的意思。我再说一遍，省去了前面的称呼。他笑了，他的笑脸更像桃核了，一时竟分不清他的嘴巴和眼睛。他说：

"做什么？不做什么。"

我对他的回答很满意，因为我常常不知道自己为什么做什么。我以为他也和我一样，我在无意中找到一位知音。

我于是每天跟着他出城。我和最后面的那只小羊羔走在一起，摸它的头，脖子和背。摸它的背时，它总是拱起身子，把小尾巴翘起来，像是怕羞的样子。出了城，看到远处的田野，阿伯就让我回来，说："你老母会担心的。"我说我想看它们吃草的样子，他说没什么好看的，和牛一个样。我只好走。但牛吃草是什么样，我也想不出来。

有一次，桃仔核阿伯的羊在我们家门口拉屎。本来，每只羊的屁股上都罩着一只装屎的黑色的网袋，不知为什么，有一只羊没有罩，走着走着就像害羞一样地站住了，拱起背，翘起尾巴，把一串黑珍珠般的东西撒在地上。母亲从里面跑出来，冲着桃仔核阿伯喊道：

"快把羊屎扫起来，你知道不知道爱国卫生运动？"

"对不住。"

阿伯拿起我们家的扫帚和笨斗要扫羊屎。母亲抢过去说：

"算了，我来吧。"

"多谢。"

阿伯朝我一笑，赶着羊走了。

晚上，我问母亲，桃仔核阿伯整天把羊赶来赶去的，做什么？母亲说：

"他是在卖羊奶。"

我不信，母亲让我明天早一点起来看。

第二天早晨，我起得很早。天蒙蒙亮，听到一阵羊叫，寻声过去，果然，桃仔核阿伯在挤羊奶，就是那只在我们家门口拉屎的羊。乳白的奶雾一般，喷向一只暗色的搪瓷牙缸。一个阿婶站在他的对面，手上捏着一张二角钱。本来是很清爽的绿色，捏在她的手中，黑黑的、皱皱的。她的手也是黑黑的、皱皱的。

一会儿，差不多挤了半搪瓷，他的手停下来。阿婶说，再挤一点，他再挤一次，站了起来，把搪瓷递给阿婶，顺手接过她手中的钱。他把钱展开，摸了摸，塞进他破斗笠的竹叶缝里。我非常吃惊地看着他的斗笠，原来如此，难怪它总不离身！他看到我，有点意外，朝我笑了笑。

不知为什么，从那天早晨起，我对桃仔核阿伯和他的羊群便失去了兴趣。

我很难把纯朴可爱天真烂漫的羊群与那张皱巴巴的二角钱联系在一起。我也不喝羊奶，一看到羊奶就恶心。

我喜欢渭水边龙女三娘的羊群。

这种偏见延续了几十年，一直到有一次，我看《晋书》，看到晋武帝乘羊车的一段记载，才改变了看法。

这段记载很出名，也很简单。

武帝多内宠，掖庭殆将万人，而并宠者甚众。帝莫知所适，常乘羊车，恣其所之，至便宴寝。宫人乃取竹叶插户，以盐汁洒地，而引帝车。

我这才对羊有了宽容的心态，和晋宫里的羊比起来，漳州的羊又算得了什么呢？进而想，这又关羊什么事呢？全是人的缘故。

　　想开一件事真不容易。

　　然而，事情想开了，渭水边的羊群却在我的想象中永远地消逝了。

原载《散文天地》2000年第3期

壶口留影

我在黄河的壶口摔了一跤，这一跤使我的双手沾满黄泥。

我是在1999年4月来到壶口瀑布的，其时，黄河上的冰尚未化尽。我们踩着冰石走向瀑布。冰在我的心中是洁白的，而我们脚下的冰却是土黄的，和被黄土覆盖的石头没什么区别。我正是踩到一块裂开的黄冰而摔倒的。好在有惊无险，下面是一块真正的石头，同伴摄下我沾满黄泥的手。我想抹去手上和袖子上的黄泥，却越抹越多，身上到处是黄泥。我于是笑了起来，说，这一下可真是跳进黄河洗不清了。

笑过之后，心情却感到沉甸甸的。

平时也知道黄河的水是黄的，也知道黄土高原水土流失，但真正的身临其境，感受就大不一样了。

壶口瀑布的雄奇险峻，日夜不息，它的雾，它的虹，被冠以许多美丽的名字，它黄色的瀑布也被称为金色大瀑布。而它的地名和传说也和许多神圣的名字联系在一起，如今，一座巨大的大禹石雕像正屹立在河中的小岛上。这里的一切都使我们感到，这是龙的象征，中华文明的摇篮。当我站在瀑布前，看着混浊黄水的跌落与奔腾，听着它的咆哮与吼叫，我的脑海里忽然闪过一个巨大龙头的图像，这是真正的金龙。我为之震撼，也为之悲哀。

几千年几万年，从这里流出来的水养育着中原大地，哺育着华夏文明，而这里的水却越流越黄。如果说我们黄种人的黄很值得骄傲的话，黄河水的黄却让我们怎么也骄傲不起来。

黄河的黄来自黄土高原。

我在黄土高原走了两天一夜，行程 1000 公里，除了黄色，我几乎看不到别的颜色。蓝色是天，黄色是土，偶尔看到白色，是没有化尽的雪。

无疑这是一幅绝美的图画。但我无心欣赏。每当我看到低矮的黄土屋，看到屋外活动的人们，我就想，他们喝的水从哪里来？这么大的风，这么大的尘土，他们洗用的水从哪里来？

自然会有的，要不，怎么活？但一定十分艰难。

好不容易看到一些树，也是光秃秃的枝丫，春天姗姗来迟，绿色尚在天涯。细看路边的黄土，只剩下薄薄的一个层面，下面便是灰色的岩石。我想，要是表层的黄土流失完了，黄土高原不就成了灰石高原了吗？当然，这有点杞人忧天的味道。

路上不断有这样的标语映进眼帘：防火育林。封山禁牧。可我还是看到一群群山羊在山坡上蠕动。入夜，一堆堆火光晃动。人们说，这是老百姓在烧玉米秆，作肥料。

路上第二种让我心动的标语是：扫除文盲，提高民族素质。一对夫妻只生一个好。其中有一幅写得很生动：生男只是名誉，生女才是福气。

扫盲的标语多，证明这里的文盲数量不少。但这种标语是写给不是文盲的人看的，真正文盲是看不懂标语的。计划生育是基本国策，但从标语的数量看，这里的计划生育形势也是不容乐观的。

我在黄土和标语的陪伴下，来到了黄陵和轩辕庙。这天下第一陵，第一庙坐落在黄陵县城边，似乎是黄土高原上现存最雄伟的古建筑群。它是我们祖先黄帝的陵寝，虽然只是一种传说，说不定里面什么东西也没有，但历代帝王的拜谒使这里名扬世界。听说每到清明，从京城到地方，谒陵的人山人海。这里最让人动心的是那棵据说是黄帝手植、有 5000 年树龄的古柏。我想，既然一棵树可以活 5000 年而不死，自古至今为什么不多种一些，哪怕是一年种一棵，5000 年也有五千棵。黄帝陵的树自然不少，说是最大的古柏群。为了保护祖先的墓，人们可以种那么多树，而为了养育我们的土地，人们为什么就不能多种一些树？

显然这不单单是种得活和种不活的事，这里还有一个观念的问题。帝王们对黄陵的崇敬，只是为了他们的江山永固和他本人的长寿。这从历代帝王的祭文中可以看出来。康熙是一个很有作为的皇帝，50 岁时派员祭黄陵，"用遣专官，敬修祀典，冀默赞郅隆重之治，益弘仁寿之休。尚鉴精忱，俯垂昭格"。这可以看成这种心态的代表。老百姓则实惠得多。我在黄陵边吃一顿饭，贵得吓人。20 元的东西最多值 3 元钱。"这么贵！"我脱口而出。老板娘笑道："吃祖宗嘛。"这是又一种心态。从上到下，人们保护和祭奠黄陵只是为自己为眼前，并不想改变一下祖宗留下来的这一片黄土地。

生态的恶化，文明的失落，这是黄土高原给我的感受。

这片黄土地文明的失落并非自今日始。自唐安史之乱后，文明的东移就十分明显了。表面上的原因是政治的，而本质却是生态的。当时，位于黄土高原南面的关中大地已养不起一个庞大的王朝了。更早一些时候，武则天好像意识到什么，她即皇帝位之后，便把都城从长安迁到洛阳，东走八百里。后来，她的儿子和孙子又把都城拉回长安。李隆基创造了长安文明的鼎盛，但这种文明很大程度是靠发达的漕运，把东南的粮食和物资运到京城。安史之乱后，唐王朝用很大的财力、物力、人力来维系这条生命线，显得力不从心。后梁太祖朱温名声不大好，但他是个聪明人，他坐了龙廷便定都开封。从洛阳到开封，又向东走了四百里。自此，再也没有一个王朝把它的都城放在与黄土高原紧邻、自古被称为"帝王州"的关中平原了。文明东移是一个趋势。可是人们只知道往富裕的地方跑，却从来没有想一想如何改变一下曾经养育过他们的关中大地，没有想一想如何改变一下黄河和黄土高原的生态。

人们一边往东跑，一边赞美西部的苍凉与壮丽，一边又无可奈何地看着黄河水越流越黄，黄土高原越流越低。一曲"黄土高坡"唱得我心中无限凄凉。

黄河，孕育了华夏文明的母亲河，如今却像一个产后的母亲，显得那么苍白虚弱，那么痛苦无奈！

终于有了西部大开发，终于有了退耕还林、退牧还草。当我离开黄土高原，离开黄河时，这样的口号在西北随处可见。明知从口号到行动，从行动到成效，需要时间，改变生态并非一朝一夕之功，但开始本身就是一种希望，它是黄土高原深处的一片绿色。

如果我的孙子有机会到壶口，看一看那时绿色的瀑布，我的这张沾满黄泥的照片，一定会让他生出另一番感慨。

原载《南方》2000 年第 5 期

延安
杜公祠

　　延安杜公祠很小，小得不能再小，以至我匆匆拾级而上，差一点与一个走下来的工作人员撞肩。我笑了笑，表示歉意。

　　和别的地方比起来，这里很冷清，冷清到我向导游小姐提起时，她吃了一惊，说："你是第一个提出要到那里的人。"略一迟疑，她又说："好吧，就在那里停一下。不过要快，免得别人有意见。"

　　文人再怎么出名，也比不上政治人物。

　　这话等于白说。不要说拿 1000 年前的文人与 1000 年后的政治家相比，就是当时，同是逃难，杜甫也没法和李隆基比。安禄山造反，一路打到洛阳，打过潼关，李隆基西出长安，逃往四川。史书上说及李隆基的出逃无不用"仓皇"二字，但身为皇帝，再怎么"仓皇"也是前呼后拥的。到了马嵬坡不是有"六军不发无奈何"之说吗？虽然无奈何，却也还有"六军"，热闹得很。而杜甫的逃难，才是真正的凄凉。事后，大诗人在《彭衙行》一诗中，用这样的诗句来描写当时的情形。

　　"忆昔避贼初，北走经险艰。夜深彭衙道，月照白水山。

尽室久徒步，逢人多厚颜。参差谷鸟吟，不见游子还。

痴女饥随我，啼畏虎狼闻。怀中掩其口，反侧声愈嗔。

小儿强解事，故索苦李餐。一旬半雷雨，泥泞相牵攀。

既无御雨备，径滑衣又寒……"

经历了千辛万苦，杜甫总算在三川县的羌村安了家，并写下了著名的《羌村三首》。杜甫本来可以在这里安住下去的，但他听说太子李亨在灵武即皇帝位，看到大唐中兴的一线希望，他坐不住了。他是个诗人，更是一个以天下为己任的儒家知识分子，素有"致君尧舜上"的抱负，自然不会放弃这次报效朝廷的机会，更何况，灵武并不太远。

他于是辞别妻儿，向皇帝的行在灵武进发。

大诗人翻山越岭，经甘泉下寺湾来到万花山。不知道当时是步行还是骑驴，是孤身一人还是带一个书童。我在杜公祠看到杜甫的塑像，杜甫的身边还站着一个书童。我想这样的塑像不无道理，很难想象孤身一人，没有任何交通工具的杜甫如何走过千沟万壑的黄土高原。当汽车在黄土高原奔驰时，我体会到毛泽东"山舞银蛇，原驰蜡象，欲与天公试比高"的雄伟气势，同时也深切地感到当初大诗人跋涉的艰难。杜甫来到万花山，大约已经是秋天了。万花山因原有万株牡丹而得名。其时，"延州红"早已在洛阳闻名。诗人没有看到牡丹，这或许是一件好事，否则他会因此而感到悲伤，因为此时的长安洛阳已在叛贼安禄山的铁蹄下呻吟。这时，让诗人感到振奋的也许是万花山的花园屯，这里是花木兰的故乡。国难当头，花木兰女扮男装替父从军的精神自然会感动我们的诗人。我们甚至可以作这样的想象：杜甫站在花木兰陵前，高声吟唱"万里赴戎机，关山度若飞……将军百战死，壮士十年归……"。秋风吹拂着他的胡须，夕阳照出他脸上的悲壮。他不是军人，不能像花木兰那样杀敌疆场，但他却能向皇上提出自己的建议，对于退贼，他有他的看法。

杜甫沿川而东，来到川口的七里铺。

七里铺在延河边，现在是一条水泥路，两边都是房子，杜公祠就在其中。我站在杜公祠对面，想象当年的七里铺，去掉房子道路和车辆人流，剩下的依然是一片苍凉。河边是荒滩，一条小路通往山间，杜公祠正在山崖下。当初自然没有这座虽小却十分别致的建筑。石崖上自然也没有"少陵川"三个字，只有一点点似有似无的青苔。如今的"少陵川"三个字是北宋镇守延州的范仲淹的字迹。范仲淹因《岳阳楼记》而闻名，他又是一个政治家和军事家。我不知道他是写了那首著名的《渔家傲》之后才写"少陵川"，还是先写了"少陵川"再写《渔家傲》。但是，我总以为，这两者必定有着一种感情上的联系。或许，正是杜甫当年的凄凉，增添了他心中的凄怆，"浊酒一杯家万里，燕然未勒归无计"，这不正是杜甫当初在石崖下，枕鞋而卧，面对寒星的心情吗？

杜甫在这里度过一个晚上，而这个地方却让人们怀念了 1000 年。

我站在杜甫的石刻像前，想，是什么东西让人们把这个地方记了 1000 年？

杜甫没有如愿来到灵武，却在半路上被叛匪虏获，带到长安，一直到第二年，才逃离长安，来到凤翔。其时，唐肃宗李亨驻跸凤翔，准备反攻。杜甫得到一个左拾遗的官，"涕泪授拾遗，流离主恩厚"。当了左拾遗的杜甫主张收复长安。

平心而论，杜甫的主张并不高明。

历史学家范文澜以为，此时收复长安是一个失策。我同意这种观点。最好的策略是元帅府行军司马李泌的以逸待劳，占领几个战略要地，让叛军在范阳与长安之间疲于奔命，相机消灭叛军有生力量，而后，先取范阳断其后路，最后取长安。当然，我们不能苛求杜甫，他不是战略家。而当时，先收复长安也有其合理性，因为长安毕竟是帝都，收复长安有利于号召全国。

问题不在于杜甫的主张正确与否，而在于他的一颗心。他离妻别子，千里迢迢，千辛万苦来到皇帝身边，就是为了陈述自己的主张，尽一份忠心。

此时的杜甫，一心三系。一系国家命运，"谁能叫帝阍，胡行速如鬼"。"汉运初中兴，生平老耽酒。"二系百姓疾苦，"兵革既未息，儿童尽东征""几人全性命，尽室岂相偶？"三系家人安危，"感时花溅泪，恨别鸟惊心"。"沉思欢会处，恐作穷独叟。"

也许，正是这颗沉甸甸的心，人们把他走过的这条小小的河谷叫作"杜甫川"，在他睡过一个晚上的石崖下盖起杜公祠。

也许，这也是我想来看一看的原因。

原载《南方》2000 年第 5 期

在车上颠了一天，到广州已是掌灯时分，吃过饭，买一张地图，躺在宾馆的床上看。这是一张旅游图，密密麻麻的街道看得眼花缭乱。突然，一个熟悉而亲切的名字跳进眼帘：苏东坡。认真看，原来，城中有一座禅寺，寺内有六棵榕树，因苏学士所题"六榕"而得名。

第二天到暨南大学办完公事，便上六榕寺。

从住处到六榕寺，要换好几次车。一路上都是车，车上车下都是人，人挤人，人挤车，车挤人，加上高楼，高架桥，汽油味，弄得我头昏脑涨。当初苏东坡到这里来，该不会这么热闹吧。高楼大厦自然是没有的，汽车也没有，人肯定也没有这么多。据人口专家统计，崇宁元年（1102年），也就是苏东坡路过广州的两年后，中国南方人口密度最高的两浙路也没有超过每平方公里100人，而令苏东坡发出"问翁大庾岭头住，曾见南迁几个回"的岭南地区，人口的密度不会超过每平方公里15人。广州城在宋代有很大的发展，人口密度自然也会高一些，但不会超过30人。是的，元符三年，也就是1100年秋天，65岁的苏东坡路过广州时，街上没有这么多人。

清悠悠的街道上，只有三三两两的行人。

这是什么街呢？自然不叫六榕街，寺也不叫六榕寺。六榕寺始建于南朝梁大同三年（537年），名宝庄严寺，宋初毁于战火，北宋端拱二年（989年）重修，僧人崇奉禅宗六祖，以修"净业"，改称净慧寺。街因寺得名，应为净慧街。

苏东坡孤零零地走在净慧街上。

苏东坡不是第一次到广州。六年前他被贬到惠州，那时的心情还不算太坏，政治上失意，生活上艰苦，但精神上是愉快的，因为他有王朝云的爱情。王朝云是他任杭州通判时买的侍女，比他小25岁，由侍女而侍妾，他们共同生活了20几年。这是他的红颜知己，心中的"天女维摩"。"玉骨那愁瘴雾，冰姿自有仙风。"有如此年轻、漂亮、纯洁、坚贞的女人陪着，心情自然不会太坏。他不但写下了《荔枝叹》这样的名篇，还为广州人民做了一件好事，把城外的泉水引入城内，解决了百姓的吃水困难。

65岁的苏东坡在净慧街上孤零零地走着。

六榕寺现在还留着一块碑刻，刻着苏东坡的像，题为"宋苏文忠公笠屐像"。我不知道这是何时何人所刻。我想，这或许是当年苏东坡路过广州的形象写真。

头戴斗笠，脚着木屐的苏东坡，一手拄着拐杖，一手牵着坐骑，慢悠悠地走在净慧街上。天高云淡，秋风吹拂着他的胡须。岁月夺走了他的健康，却没有夺走他的飘逸。65岁的诗人走在街上，仍然吸引了不少目光。人们向这位远道而来，风尘仆仆的老人投去了善意的微笑，苏东坡报以他那特有颇具魅力的微笑。

诗人刚从海南来。当时的海南可不是现在的开发区。那是一个黎族聚居、荒僻异常的地方，"此间食无肉，病无药，居无室，出无友，冬无炭，夏无寒泉"。连苏东坡也以为"除瘴海以南迁，生无还期"，以至"子孙恸哭于江边，已为死别"。苏东坡毕竟是苏东坡。艰难困苦并没有压倒他。他坦然自处，"食芋饮水，著书以为乐"。他还为当地的百姓做了许多好事，和当地老百姓建立了深厚的友谊，"久安儋耳陋，日与雕题亲"。元符三年（1100）正月，宋哲宗去世，徽宗即位，大赦天下。苏东坡得以北归。当他离开海南，渡海北上时，海南父老纷纷携酒备馔送行，"执手涕泣而去"。苏东坡感动而做诗，诗云：我本海南民，寄生西蜀州。忽然跨海去，譬如事远游。

透过真挚的感情，我们看到的仍然是一个潇洒风趣的苏东坡。

苏东坡来到净慧寺。寺内的千佛塔刚刚重建，进香的善男信女比平时多。人们大都不认识苏学士，但寺里的住持却认得他。东坡居士，可是佛门中人。他路过南华寺，曾寄诗友人，诗云：

水香知是曹溪口，眼净同看古佛衣。不向南华结香火，此生何处是真依。

诗中"眼净"用的是《维摩经》"远离尘垢，得法眼净"之典。苏东坡十三岁与其弟共学佛，"君少与我师皇坟，旁资老聃释迦文"，到如今，已能以透脱的禅理来认识世界，看待人生，作飒然超离之想了。

南华寺即宝林寺，本是禅宗六祖慧能传法之地。离净慧寺不远的法性寺（即今光孝寺），正是300多年前，慧能开示禅门，说般若波罗蜜法的地方。

禅房用茶之后，苏东坡参拜了100年前用紫铜精工铸造的慧能像。他默默地看着慧能，和他进行一次超越时空的心灵的对话。六祖堂前，古榕参天，树荫苍翠；阵阵幽香，阵阵清凉。苏东坡不禁发出一声赞叹，这幽静，这清凉，与慧能闭目坐禅的神态是那样的和谐。他的心动了一下。他的也手动了一下，似乎想写点什么。聪明的住持早就让人备好了文房四宝，他指着院子里的榕树说：

"那六棵榕树，已有数百年了。"

苏东坡微微一笑，大笔一挥，写下两个大字：六榕。

六榕寺因此得名，六榕街因此得名。

几百年后，我在六榕街口走下公共汽车时，我不知道这就是六榕街，我被攒动的人头搞得晕头转向，分不清东西南北。我很想像苏东坡那样，自己一人，自由自在，慢慢悠悠地走来，这种愿望只能在半夜才能实现，而半夜的山门是不开的。

买了票，进了门，便举目四望，寻找六棵榕树。院子里有几棵大树，怎么数也没有六棵。把别院加上，却又超过六棵。而且不是榕树，是菩提，树龄最大的是125岁。找遍六榕寺，居然找不到一棵榕树。站在刻有六榕二字的古石刻前，自己觉得好笑。那六棵榕树活到现在，最少也有1000多岁，在闹市中活1000多年的古树是完全不可能有的。

那么，让苏东坡心动的那六棵榕树是什么时候消逝的呢？谁也说不清。当然，由它们所营造的那一片清凉，一片纯净，一片佛光也随之消逝了。在这里，我只看到善男信女，高高地举起手中的香，口中念念有词。他们在祈求什么？平安，升官，发财？或许都是，或许都不是。

但苏东坡的字留下来了。

这是没有六榕的六榕寺。这是苏东坡的六榕寺，也是我心中的六榕寺。

原载《南方》2001 年第 1 期

神秘 与 无奈

读近人丁传靖所辑《宋人轶事汇编》中的一则故事，突然有了一点感想。

这则故事是这样的：

宋太祖赵匡胤在宫里立了一块"誓碑"，规定每年时享或新皇帝即位时，"谒庙礼毕，奏请恭读誓词。独一小黄门不识字者从，余皆远立"。平时，则"用销金黄幔蔽之，门钥封闭甚严"。神秘兮兮。

100多年来，谁也不知道碑上写的什么，皇帝发的是什么誓。

一直到靖康之变，门皆洞开，才露出"庐山真面目"。原来这碑上写了三行誓词：一云："柴氏子孙，有罪不得加刑，纵犯谋逆。止於内狱赐尽，不得市曹刑戮，亦不得连坐支属。"一云："不得杀士大夫及上书言事人。"一云："子孙有渝此誓者，天必殛之。"

第一条有点人情味。众所周知，赵匡胤的江山是从后周皇帝柴氏手里抢来的，手段有些不光彩。陈桥兵变，黄袍加身，几乎成了阴谋的代名词。历史上抢别人的皇帝位子，又把别人赶尽杀绝的，大有人在，圣明如李世民，不是把自己的亲兄弟亲侄儿们全杀了吗？赵匡胤本来也可以摆一些理由，把柴氏一家"赐死"。他没有这样做，反而立了这么一条规矩。他坐在文德殿上是不是有一点内疚，用现在的话说，受到良心的谴责。周世宗柴荣对他并不薄，把孤儿寡母托付给他。周世宗尸骨未寒，他就抢了人家的天下，于心实在不忍。受到良心的谴责证明还有良心。当皇帝的有良心，很不容易。

中国士大夫受孔子的影响，以天下为己任，特别喜欢提意见，发议论。给皇帝提意见叫捋虎须、逆龙麟，危险得很。因为提意见发议论而掉脑袋的不计其数。所以有"死谏"一词。死也要提意见，可以入史。人大都喜欢听好话，不喜欢听坏话。老百姓尚且如此，何况皇帝。率土之滨，莫非王臣，老子天下第一。皇帝听惯了好话，乍一听坏话，自然要生气。皇帝生气叫龙颜大怒，弄不好就要杀人。定一条不杀上书言事者。实在是士大夫的福音。不能不说这是一个进步。当然，皇帝毕竟是皇帝，龙颜大怒杀不了你，可以把你贬了，贬得远远的，耳不听为净。北宋几个有名的宰相赵普、吕蒙正，范仲淹等就都因提意见而惹恼皇帝，几上几下。有宋300年，赵氏皇帝基本上遵守了这一条规矩。元以后就不行了，情况就越来越糟，发展到文字狱。回过头来想，更感到赵匡胤宽容的可贵。

宋太祖聪明，知道让子孙们做到这二条不容易，所以立下第三条誓言。这第三条现在看来很可笑。但替赵皇帝想想，也只能如此。他的子孙能看到誓碑的都是皇帝，他们不照办，谁奈何得了？只有靠天。你不听话吗？"天必殛之"。显得十分无奈。当然，赵匡胤还有其他措施，比如设立谏院、登闻检院和登闻鼓院，让谏官，一般的文武官员，甚至老百姓，都有提意见的地方。但是，谏院也好，登闻检院也好，登闻鼓院也好，都是皇帝设立的。皇帝可以设立，也可以取消。还是不能保证子孙们能把这两条坚持下去。再说，立这两条誓词的最终目的，是"为国家建久长之计。"难道他喜欢真的有人来管住他的子孙皇帝？赵家天下不许别人来管。所以还是让"天"来管最安全、最有效。

既然要让天来管事，就难免要带上神秘色彩。越神秘越有威慑力。

现代人都知道要有一个机制来制约权力，权力没有制约，掌权者再有良心，再宽容，也不能持久。强有力的机制是建立在民主的基础上，民主是建立在"天下为公"的基础上。天下必须是人民的。

如此想来，赵匡胤的无奈是可以理解和谅解的。毕竟他是一千多年前的帝王。毕竟江山是他打下来的，天下是他的。

而他的靠天，他的形式上的神秘，也由于他的真诚而显得有点可爱。

原载《散文天地》2001 年第 4 期

　　我喜欢读野史，因为正史太正经，谁圣谁昏，谁忠谁奸，十分分明，读起来很累，野史虽然不正经，却生动活泼，发人想象，读起来有"快感"。

　　近日读《涑水纪闻》的一则故事，宋太祖赵匡胤的形象一下子在我的心中活了起来。

　　现将这则故事抄录如下：太祖常弹雀於后苑，有群臣称有急事请见，太祖见之，其所奏乃常事，上怒，诘其故。对曰："臣以为尚急于弹雀。"上愈怒，以柱斧柄撞其口，坠两齿。其人徐俯拾齿置于怀。上曰："汝怀齿，欲讼我耶？"对曰："臣不能讼陛下，自有史官书之。"上悦，赐金帛。

　　《涑水纪闻》的作者是大名鼎鼎的史学家司马光。听说这是为编写《资治通鉴后纪》收集的资料，大概因为不够正经，没用上。书名"纪闻"起得好，把听说的记录下来，是非曲直，由人去说。

　　这则故事浅显明了，只有两个地方不明白：一是"以柱斧柄撞其口"，当了皇帝的赵匡胤怎么总是把斧子放在身边，动不动就撞人？二是"上悦"的"悦"字，正在盛怒之中，怎么突然就高兴起来了呢？

关于"柱斧"，宋人笔记《湘山野录》中还提到过，就是有名的"斧声烛影"。说宋太祖赵匡胤临死前一天晚上请他的弟弟赵匡义喝酒，"饮讫，禁漏三鼓，殿雪已数寸。帝引柱斧戳雪，顾太宗曰：'好做好做。'遂解带就寝，鼻息如雷霆。是夕太宗留禁内。将五鼓，周庐者寂无声，帝已崩矣。"斧声烛影已是千古之谜。"帝引柱斧戳雪"一句，人们大都解释为"太祖拿柱斧砍地上的雪"，也就是说，赵匡胤总是把斧子放在身边，和弟弟喝酒时拿来砍雪，听大臣奏事，生起气来，用柱斧柄撞人。不可思议。我怀疑，这斧不是兵器的斧，而是斧依的斧，所谓"天子当依而立"，"依，状如屏风，以绛为质，高八尺，东西当户牖之间。绣为斧文，亦曰斧依。""柱"也好，"柄"也好，实际上是支撑屏风的活动支架之类的木棍子，可以随意抽出。太祖坐在"斧依"边上，激动起来，便抽出其中的一根，或戳雪，或撞人。这是题外话，近于胡言乱语，千万别当真。

赵匡胤是个活人，会生气。因为他是皇帝，所以生气起来可以拿东西撞人，把人家的牙齿撞掉两颗。也怪那人不知趣，来得不是时候，说话不得体，专拣人家的痛处捅，撞掉门牙是活该。可他偏偏有点性格，"徐俯拾齿置于怀"。一个"徐"字写出了他的从容与无畏，我们甚至可以由此想见他脸部的表情。好样的，接下来的对话更精彩。我们总以为封建社会是人治，没有法治，看来也不尽然。任何社会没有法治都不行，区别只在于，在关键时刻，是权大还是法大。现代社会法大于权，传统社会权大于法。大臣告皇帝，即使有证据，两颗撞断了的门牙，也不行，所以他说"臣不能讼陛下"。但他还有最后一招，就是找史官，把这事记下来，让后人评说。

这一下，当皇帝的有点害怕了。

什么都能变，就是变不了历史。看来古代的史官权力比较大，记下来的事，皇帝是不能看的。不像现在，历史可以随便编。大学者胡适说过，历史是一个小姑娘，可以任人打扮。

赵匡胤理亏了，害怕了。人家不告你，可人家要找史官，要入史。可是，《涑水纪闻》却说，"上悦"，不但"悦"，还"赐金帛"。这有些让人想不明白。

有这种可能，赵皇帝其实并不高兴，但用其他字眼，有损于皇帝的形象。开头"上怒"，接着"上愈怒"，突然变了脸，是有惧色，是色厉内荏，都不合适。所以用"悦"字来糊弄人，表示他的宽容。作者司马光身居相位，又写惯了正史，在不知不觉中，便"为尊者讳"了。

这么想着，我又有些惴惴，有"以小人之心度君子之腹"之嫌疑。往好处想，赵匡胤是真的高兴了，他毕竟是开国皇帝，有为之君。他在对方的执着与从容中，看到了他自己的成功，他所追求的不正是这样一种相对宽松的政治局面吗？大臣们敢于顶撞，敢于坚持己见，不正是他开明的另一种表现吗？

历代圣明之君，无不重视入史。《贞观政要》有几则关于唐太宗重视入史的故事。有一则说，唐太宗想看起居注，谏议大夫兼知起居注褚遂良不让看，太宗说："朕有不善，卿必记耶？"褚遂良说："臣闻守道不如守官。臣职当载笔，何不书之？"赵匡胤想当明君，就得学唐太宗，允许史官把他的言行都写进去，好的写，不好的也写。他想开了这一点，高兴起来，对那个倒霉蛋大加赏赐。

《涑水纪闻》中的赵匡胤比《贞观政要》中的唐太宗可爱得多。唐太宗总是一副圣明君主的样子，说一些大道理和让人感动的话，赵匡胤则更像一个有七情六欲的正常人。

看来，不管什么人，都要面对历史。赵匡胤无理地撞掉人家的两颗门牙要面对历史，我们有了这个不是那个不是也要面对历史。当然，面对历史有个勇气的问题。一千四百年前的李世民能做到，一千一百年前赵匡胤能做到，我想我们应该也能做到。

原载《散文天地》2001 年第 4 期

女人是幸福的

　　出山海关十来里，有座凤凰山，山上有座姜女庙。庙很小，名气很大。

　　中国有四大传说：白蛇传，梁山伯与祝英台，牛郎织女，孟姜女。四个传说都有关爱情，都带浪漫色彩，唯孟姜女最"悲壮"。

　　孟姜女千里寻夫来到山海关，闻知丈夫已死，大哭，把长城哭倒，然后登上凤凰山，梳头化妆，投海自尽。如今山上还留着梳妆台和望夫石。

　　孟姜女的丈夫是在新婚之夜被秦始皇抓去修长城的。她因此成了有夫之妇。这是一个圈套，给封建文化的卫道者以可乘之机。上至皇帝下至文人，无不说她"贞"，说她"节"。她担了一个空名，却要付出生命作为代价。

　　康、乾二朝，太平盛世，皇帝喜欢到处走走看看，到处写诗。康熙皇帝的《姜女祠》说："多少征人埋白骨，独将大节说红颜。"乾隆皇帝比他的爷爷更来劲儿，同是《姜女祠》一下子写了三首。"千古无心夸节义，一身有死为纲常。""常见秉彝公懿好，讹传是处也何妨。"这话说得很干脆，只要对宣传"节义""纲常"有好处，不在乎传说的真假。顾炎武是明清之际的思想家，他对望夫石感兴趣，他在《望夫石》的诗中说："愁心欲共秦贞女，目断天涯路转迷。"他是借秦女之"贞"来抒发他对故国的情感，但仍然挥不去孟姜女的"贞"字。

现在的文人有了许多进步，不谈贞，也不谈节。大讲对暴政的反抗。至今仍然有人写道，孟姜女的故事"集中表现了劳动人民被劳役逼得家破人亡的灾难，通过哭倒长城，寄托着劳动人民推翻封建君王暴虐统治的理想"。

在传说中看不出孟姜女是劳动人民。她知书识礼，诗书琴画无一不能。这在一般劳动家庭怕是很难做到。就是现在的姜女庙里，姜女两侧立有男女二童，一个持包、一个扛伞，也不像是劳动人民。她哭倒长城，不是一段，而是八百里。要真是这样，我们的民族就少了一个大骄傲。

人们拿孟姜女做文章，做了一两千年，却从来没有一个为孟姜女想一想，没人把她作为一个人，一个女人来想一想。

且不说在新婚之夜失去丈夫的痛苦，就说她千里送寒衣，这一千里路是如何走过来的？吃什么，睡哪里？遇到什么危险？她是为丈夫送寒衣的，她自己冻着了没有？病了吗？

和其他三个传说相比，这个传说显得没有人性，没有人道。

祝英台是幸福的。她与梁山泊同窗3年，在共同的学习生活中找到了自己的爱情。18里相送、楼台会，甚至于哭坟，化蝶，作为女人，她是值得的，她轰轰烈烈、死去活来地爱过，也被人爱着。她是与爱情一起飞翔的。

织女也是幸福的。她的幸福显得那么纯朴美丽，她为我们营造了一座幸福的宫殿：男耕女织。千百年来，这座宫殿一直为人们所向往，甚至在现代社会，当人们在快节奏的竞争中感到疲乏时，脑子里便会闪过一幅田园生活的画面。小桥、流水、茅屋，安静的田野、悠然吃草的牛。织女在这里生活，她营造一个"家"。虽然她最后不得不离开这个家，但她曾经拥有过。而且，在每年农历的七月初七，她还能与丈夫相会，来共同品味他们所拥有过的一切。

白娘子的幸福是她自己争取来的。她的爱，既勇敢又执着。她几乎体验了人间所有的感情：爱情的甜蜜、等待的焦虑、不被理解的痛苦、恨铁不成钢的无奈、忍辱求全的悲哀、复仇的愤怒……她恋爱，她结婚，她生子……她是一个真正的人，真正的女人。

和她们相比，孟姜女显得那么苍白，那么可怜。

也许，孟姜女的悲哀是中国女人的悲哀，没有自己，失去自我。一旦她们被套入"文化"的光环，便成为一种观念的化身，在无声无息之中，把悲哀传递给后人。

然而，我在姜女庙没看到她的悲哀，我看到的是一尊安详的女神，还有持包扛伞的童男童女相伴。

也许，是她的勇敢与执着感动了上苍，让她安享千年的香火。

到头来，另一种"文化"让她的幸福盖过所有女人。

啊哈，就此打住。

原载《中国时报》（台湾）2001 年 9 月 13 日

宋祁的尴尬

大宋仁宗朝的一个初冬，开封一带喜获丰收，到处是安乐景象。著名诗人、工部尚书宋祁来到野外，走走看看，很有感触，很想找一个人聊一聊。正好迎面来了一个老农，他便上前作揖道："丈人甚苦暴露，勤且至矣！虽然，有秋之时，少则百囷，大则万箱，或者其天幸然？其帝力然？"

这是非常友好、平等的问候：老人家辛苦了，丰收了，您说，这是因为上天的恩赐，还是因为皇家的帝力？

不料老农听了哈哈大笑，说："何言之鄙也！子未知农事矣！……今日之获，自我得之，胡幸而天也！且我俯有拾，仰有取，合锄以时，衰征以期，阜乎财求，明乎实利，吏不能夺吾时，官不能暴吾余，今日乐之，自我享之，胡力而帝也！吾春秋高，阅天下事多矣，未始见不昏作而邀天幸，不勉强以希帝力也！"

老农说罢，扬长而去。

工部尚书傻乎乎地站在那里发愣。

这事发生在 1000 年前。当我读到这段文字时，也和宋祁一样，愣了好一阵子。

事情有点不可思议。一个堂堂工部尚书，礼贤下"农"，亲切问候，却得到一顿毫不客气的抢白：先是嘲笑，"何言之鄙也！"用今天的话说，你的观念怎么这么鄙陋？接着指出，"子未知农事！"你不懂农事，不了解农民。在一阵义正词严的批驳之后，又倚老卖老，把他训了一通。这哪里是农民答官员，简直是老人教训后生！不用说在等级森严的封建社会，就是在劳动人民当家做主的今天，也是少见的。

我想，宋尚书该生气了吧？可他没有。这件事是他自己记下来的，出自《景文宋公集》卷 98《录田父语》。"景文"是宋祁的谥号。

他没有生气，那么他愣在那里干什么？

他有些尴尬，甚至有点脸红。

宋祁的名气并不小，一阙《玉楼春》，一个"红杏枝头春意闹"的"闹"字，使他在中国几乎家喻户晓。从某种意义上说，宋祁是一个幸运者，他之所以有今天的地位和名气，一靠天幸，二靠帝力。

宋仁宗天圣二年（1024 年），26 岁的宋祁和他的哥哥宋庠一起考中进士，以后，他的哥哥官至枢密使、同中书门下平章事，集贤殿大学士，他自己也官拜工部尚书，翰林学士承旨。宋祁是很得皇帝宠幸的，皇恩对他十分浩荡，有一件小事足以说明。

有一次，宋祁路过繁台街，逢内家车子，有搴帘者曰："小宋也。"小宋就是宋祁。宋家兄弟同科进士，同朝为官，时称大小宋。宋祁归作《鹧鸪天》一词，曰："画毂雕鞍狭路逢，一声肠断绣帘中。身无彩凤双飞翼，心有灵犀一点通。金作屋，玉为笼，车如流水马游龙。刘郎已恨蓬山远，更隔蓬山一万重。"此词传唱都下，达于禁庭。仁宗知之，问："内人第几车何人呼小宋？"有内人自陈："顷侍御宴，见宣翰林学士，左右内臣曰：'小宋也。'时在车子偶见之，呼一声耳。"上召子京（子京是宋祁的字），从容语及，宋祁惶惧无地。上笑曰："蓬山不远。"因以内人赐之。

以宋祁的经历和他所接受的教育，自然而然地，他要把丰收归功于上天和皇帝。这也是一般士大夫的思维定式。但老百姓不吃这一套。农民说，获得丰收完全是自己辛勤劳动的结果，根本不是上天的恩赐，也与皇帝无关。这是宋祁事先万没有想到的，所以他感到意外，感到尴尬，人家不但不同意你的看法，还不给面子。或许，一阵傻愣之后，他突然感到自己的迂腐，他在内心认同了农夫的看法，他感到羞愧，所以有点脸红。

宋祁很快从尴尬中解脱出来，看了看农夫消逝的树林，再看看湛蓝的天空，然后拍了拍身上的尘土，打道回府。

宋祁是不是从此有所悟？没有专门研究，不敢妄言。

从他临终时给儿子的《治戒》中，我们似乎感到一点什么。他嘱咐儿子丧事不要过于铺张，不图不朽，不要陪葬，"且吾学不名家，文章仅及中人，不足垂后。为吏在良二千石下，勿请谥，勿受赠典"。他只要求在坟上种五棵柏树。

也许，农夫的话对他有一点作用。

或许，1000 年前开封农夫的坦率直言，对我们也会有一点点启发。

原载《合肥晚报》2002 年 1 月 3 日

金殿沉甸甸

在昆明 7 天，印象最深的是金殿。

金殿位于昆明东北的鸣凤山上，是全国重点文物保护单位。据说，明万历年三十年（1608 年），云南巡抚陈用宾在凤鸣山上会见吕洞宾，便在这里仿武当山建太和宫，修紫禁城，铸铜建北极真武殿，供奉北极真武。金殿就是铜铸宫殿。现存金殿建于清康熙十年（1671 年），"高六点七米，长宽六点二米，两层屋面，整座殿宇及神像全用铜铸造，重二百吨"。

站在金殿台阶前，摸了摸发黑的铜柱，抬头看看殿前高高竖立的日月七星铜旗，不禁发出一声长长的感叹。

然而，引起我感叹的不仅是金殿，更是那铸造现存金殿的人。金殿正梁上镌有这样的字眼：大清康熙十年岁次辛亥大吕月十有六日之吉平西亲王吴三桂敬筑。

吴三桂，这是一个让史学家很尴尬，让文学家很激动的人物。论知名度，在历史人物中，他当属于"明星"级。关于吴三桂的传记、小说、电影、电视、连环画多得没法统计。他给人们的印象是青面獠牙，心狠手辣，依红偎翠又武功盖世。在大部分影视作品中，吴三桂满腮大胡子，连辽宁古籍出版社出版的《吴三桂演义》的封面，身着明朝官服的吴三桂也是一脸胡子。大概胡子会增加一个人的凶相。

显然，吴三桂是坏人。

但坏人不一定就一脸凶相。据载，吴三桂"巨耳隆准，无须，瞻视顾盼，尊严若神"。样子不大像坏人，而且明明白白地写着，"无须"。不知道吴三桂各种各样的胡子是怎么长出来的。

吴三桂曾经是大明崇祯皇帝所倚重的封疆大吏，大顺皇帝李自成极力想收买的战将，又是大清朝的开国功臣。最后，举兵反清，成为"三藩之乱"的首领。他的反复无常不但使时人感到迷茫，也使史家感到头痛。没人说他的好话。明朝遗老骂他卖国，农民军恨他狡猾。爱新觉罗氏本来可以说他好话的，毕竟他为清兵入关开了方便之门。可偏偏对他不放心，最终把他逼到"晚节不忠"，"焚尸扬灰"的地步。吴三桂对自己的一生似乎也不太满意，临终前，常常独自悲叹："何苦，何苦！"

何苦，是啊，何苦呢？

在他的一生中，引清兵入关是一个转折，而这个转折与一个女人的名字紧紧相连。这个女人叫陈沅。所谓"冲冠一怒为红颜"。

陈沅，字畹芬，小字圆圆，常州府武进人。圆圆家境贫寒，父死后失身为妓，她色艺双全，"如云出岫，如珠在盘，令人欲仙欲死"。名响秦淮。陈圆圆先入田府，后进吴府，其间进过一次宫。田弘遇是崇祯皇帝宠妃的父亲，权倾天下，他要得到一名妓女，易如反掌。他把圆圆献给皇帝。崇祯内外交困，无心女色，送回。后圆圆入吴府。由田府入吴府，有种种说法，因为不管从哪个角度说，田的地位都在吴之上。有说田为收买吴而送之，有说吴设计得之，也有说陈圆圆爱慕三桂，设法投之。后来，李自成破北京而得陈圆圆，这可以理解。从太子到满朝文武都成了俘虏，陈圆圆岂能幸免？再后来，李自成败出北京，携圆圆而走，不久，陈圆圆却又落到吴三桂的怀里，这就是一个谜。也有各种说法，但陈圆圆对于吴三桂的爱情却是存在的。乱世之中，没有陈圆圆的配合，吴三桂是难于再次得到陈圆圆的。陈圆圆经历了那么多男人，大都逢场作戏，而对于吴三桂却是真心的。否则就很难解释他们几十年的共同生活。经历了动荡和别离之后，在昆明，吴三桂对圆圆说："人生不幸遭国变，心力所在，往往不能如愿。今吾羞见红粉儿也。"

我想这是真心话。这样的话，只有陈圆圆能够听到。吴三桂纵有千般错万条罪，作为一个女人，能听到这样的肺腑之言，也不能不为之所动。

当吴三桂、李自成、多尔衮在山海关大战时，谁也没有想到这一仗对中国历史的重要性。历史放在吴三桂肩上的担子似乎太沉重了一些。

陈圆圆的结局有种种说法，有说清兵攻入昆明时，她与吴三桂的儿媳一起"自缢"，有说她"不食而死"，有说她出家了，"不知所终"。说出家的似有道理，因为在此之前，吴三桂在昆明西，筑安华园别室给她居住，满足了她"布衣蔬食，礼佛以毕此生"的请求。

在金殿，我想买一份有关金殿的资料，他们却卖给我一本小画册，这画册的题目就叫"吴三桂·陈圆圆"，这是昆明人编的。这本画册有关陈圆圆结局，又有另一种说法：陈圆圆遥望秋水长天，双手合十，口诵佛号，跃入莲花池。最后还有一首相当艳美的诗：花落苏台晚照红，晓莺啼彻彩云空。沧桑一段风流话，凭吊汀波惜玉容。

公共汽车上的昆明人都持这种说法。我于是很想看看莲花池，得到的回答却是，早填了。可惜。

昆明人似乎对吴三桂并不怎么反感，他们说他留下的许多好去处，如圆通寺、金殿等。他们还说，金殿里的真武大帝，实际上就是吴三桂本人。还说，金殿当初是吴三桂和陈圆圆下棋的地方。

我站在金殿门口，看着真武大帝的金身，想象着三百多年前，一代枭雄与绝代佳人在这里下棋的情形……他们下的自然是围棋。吴三桂手执白子，陈圆圆手执黑子。殿内暗香浮动，殿外静悄悄的，只有微风吹拂着树叶，阳光在阶前跳荡。

这种想象似乎太轻松。实际上，山海关的阴影一直伴随着他们的一生。背负着叛国罪名的吴三桂其实是十分无奈的。如果他在听到崇祯皇帝自杀的消息时，拔出刀来往脖子上一抹，名声或许会好一些。可当时除了崇祯的贴身太监王承恩之外，王公贵族满朝文武没有一个随崇祯而去的。在这些人当中，书读得比他多得多的大有人在。在"民族"大义上，他也想过投李而拒清，无奈李自成扣了他的父亲，打了他的父亲，又抢了他心爱的女人。在万不得已的情况下，他想到了多尔衮。他的本意是想利用多尔衮而结果却被多尔衮所利用。历史本身的复杂性的确不是简单的"是"和"非"、"功"和"罪"所能概括的。明朝的遗老们骂他卖国贼是可以理解的，亡国之时骂一声卖国贼多少能减轻一点内心的痛苦，开脱一点自己的责任。而后人的骂就有点让人费解了。如果他当时投了李自成，李自成也因此得了天下，他成了大顺朝的开国功臣，又将是怎样的情形呢？大顺朝充其量也是一个新的封建王朝，这个王朝就会比清王朝好一些吗？它的版图会比清朝大？从李自成当时的表现看，这种希望似乎不大，否则三百年后就不会有郭沫若的《甲申三百年祭》。当然，历史是没有"如果"的。作为当事人，吴三桂的内心痛苦又有谁能理解呢？或许只有陈圆圆多少能理解一点，而能够理解这种痛苦的人，自己也绝不会轻松。

当我们离开历史评判的角度，把吴三桂作为一个有七情六欲的人来考察时，金殿就显得沉甸甸的了。

金殿后面有一片草地，绿茵如毯，古木参天。其间有一块石碑，上面刻着当代文豪郭沫若的诗，其中两句云：金殿千秋业，红梅几度花。

我想，"千秋业"说得有理。金殿的价值不仅仅在于金殿本身，更在于在这里下棋的吴三桂与陈圆圆的种种传说。

吴三桂作为历史人物是一回事，而作为文化意义上的人，由于他和陈圆圆的爱情，由于他临死前的一句"何苦"，他将永远是人们的话题。说不完道不尽的吴三桂，说不完道不尽的陈圆圆，这就是金殿的魅力。

原载《厦门日报》2002 年 1 月 25 日

假如没有 李阳冰

762 年，也就是唐代宗宝应元年的一个阴沉沉的冬日，42 岁的当涂县令李阳冰匆匆走进一间离县衙不远的房子。

在这房子里躺着一位老人，这位老人已病入膏肓，时而清醒，时而迷糊。老人听到脚步声，睁开眼睛，用微弱的声音吟道："富贵百年能几何？死生一度人皆有。孤猿坐啼坟上月，且须一尽杯中酒。"

李阳冰拉着老人的手，泣不成声。

这老人不是别人，是我们的大诗人李白。

无疑，作为中国文化的一个象征，李白是天才。"白也诗无敌，飘然思不群。""笔落惊风雨，诗成泣鬼神。"这样的评价出自他的同时代人、现实主义大师杜甫之手，一点也不夸张。天才是超常的，他的内心所承受的压力也是超常的。他一生写了那么多醉，那么多梦，正是这种压力的淋漓尽致的宣泄。可是，晚年漂泊，贫病交加，加上政治上的打击，使李白只剩下酒，而没有梦了。不到一个月的永王幕府生涯，使他被流放夜郎。当他听说史朝义贼焰复炽，李光弼出镇临淮，他又想立功报国，并一雪"会稽之耻"，遂请缨入幕。但是，他已经 61 岁了，而且病魔缠身，只好半道而还。这一年的初冬，他来到当涂县，依附县令李阳冰。

此时的李白是痛苦的。在痛苦中他除了写诗只做两件事，一是出游，二是喝酒。这两件事都反而加剧了他的痛苦。在《宣城见杜鹃花》一诗中，他这样写道："蜀国曾闻子规鸟，宣城还见杜鹃花。一叫一回肠一断，三春三月忆三巴。"如此强烈而又悲苦的乡思，在李白的一生诗作中极为少见。酒是李白的第二生命，在醉中，他对生命的体验达到极致："狂风吹我心，西挂咸阳树。""我寄愁心与明月，随君直到夜郎西。"酒中的李白，是一个充分自由的"我"。但是酒也伤害了他的身体，他终于因为剧饮而再一次病倒了。病倒了的李白还是不能没有酒。762 年的重阳，62 岁的李白扶病登高，作《九日龙山饮》："九日龙山饮，黄花笑逐臣。"第二天作《九月十日即事》："昨日登高罢，今朝更举觞，菊花何太苦，遭此两重阳。"除了酒，还是酒。此时，酒中的李白已经没有"狂"只有苦了。

我们的天才终于在痛苦与酒精的重压下崩溃了。消息传到四川，50 岁的刚刚写完《茅屋为秋风所破歌》的杜甫惊呼，"不见李生久，佯狂真可哀"。北宋以后，不少人认为《笑歌行》《悲歌行》不是李白最后的作品，而是别人的伪作。认为这两首诗"言无伦次，情多反复，忿语切切，欲心逐逐"。而无谪仙"深远宕逸之神"。其实，这正是李白此时的精神状态的反映。

这个时候，也就是 762 年的这个初冬的日子里，最让我们的诗人依依不舍，牵肠挂肚的是他的诗文如何才能保存下来，流传下去。

他对自己诗文的价值是十分自信的。3 年前的夏天，他在《江上吟》

诗中这样写道:"屈平词赋悬日月,楚王台榭空山丘。兴酣落笔摇五岳,诗成啸傲凌沧州。功名富贵如长在,汉水亦应西北流。"但是,这样足以千古不朽的诗文如何才能保存下来呢?这不但是李白面临的严峻问题,也是我们民族文化史面临的一个严峻的问题。其时,雕版印刷术发明不久,大部分的书还得靠手抄。要想保存下来是十分困难的。更何况,此时的李白已病体沉沉,没有能力把自己的草稿整理成书了。

李白深深感到他的著作面临散失,从而被时间淹没的危险。

老人已经没有力气坐起来了,他看着泣不成声的李阳冰,下了最后的决心,将平生著作手稿全部托付给这个小自己 20 岁的从叔。

这情形并不是我的凭空想象。有李阳冰的《草堂集序》为据:"临当挂冠,公又疾亟。草稿万卷,手集未修,枕上授简,俾予为序。"

这是一个阴冷的日子,这又是一个辉煌的日子,这个日子成就了一个伟大的事业。

李阳冰不负所托,将李白诗文编成《草堂集》二十卷,并为之作《草堂集序》。李白的作品以及生平事迹,主要是通过这部集子保存下来的。

如果没有李阳冰,如果李阳冰有负李白之托,如果李阳冰有尽力之心而无尽力之能,如果这些如果都不是如果而是事实的话,那么,我想,很可能就没有今天的李白。

李阳冰并非无名小卒。李白在《献从叔当涂宰阳冰》一诗中称赞他的书法诗文是"落笔洒篆文,崩云使人惊。吐辞又炳焕,五色罗华星。秀句满江南,高才炎天庭"。唐人投献的诗文免不了有溢美之词,但李阳冰的才华是不容置疑的,他文章自有《草堂集序》为证,他的书法,宋代《宣和书谱》的评价是:"有唐三百年,以篆称者,唯阳冰独步。"

这不仅仅是后人的评价，在当时，他已经很有名气了。"方时，颜真卿以书名世，真卿书碑必得阳冰题其额，欲以擅连璧之美，盖其篆法妙天下如此。"

按理，李阳冰这样一个在当时已经很有名气的书法家，对李白的事业有如此巨大的贡献，不管是在当时还是后世，都应该是很有影响的，史家应该大书特书才是。但令人遗憾的是，"唐史"李阳冰无传。关于李阳冰的生平事迹，我们是从一些零星的资料中看到的。《宣和书谱》对李阳冰有比较详细的介绍，但关于他对李白事业的贡献却只字不提。这可以理解，因为书谱讲的是书法界的事。而当今的《辞海》呢？我们来看看最新版《辞海》李阳冰条：李阳冰，唐文字学家，书法家。字少温，赵郡（治今河北赵县）人。乾元时为缙云县令，官至将作监。工篆书，得法于秦《峄山刻石》，变化开合，自成风格。后来学篆者多宗之。曾刊定《说文》为三十卷，然多有臆说。五代时徐锴在《说文解字系传》的《祛妄》篇中加以辩驳。自二徐本《说文解字》行世，其书不传。石刻有《怡亭铭》《般若台题名》等。

也是只字不提李阳冰对李白事业的贡献。

我有点为李阳冰抱不平了。

他的书法不能不提，他为李白所做的贡献更不能不提。相比较而言，书法史上可以没有李阳冰，而文学史上却不能没有李白，不能没有李阳冰对李白的贡献。

我由此想到现在人们常说的一句话：每一个成功者的背后都有一个……人们大都想当成功者，不大想当背后的那个可以用省略号省去的人。而我们社会的进步恰恰需要千千万万个成功者背后的那些不应该用省略号省去的人们。

很难说在几千年中国文化史上没有淹没掉天才，假如没有李阳冰，李白就很有可能被淹没掉。如果我们当不成李白，为什么就不能当一当李阳冰呢？

这样说似乎太狂了。那么，换一个说法：如果我们当不了小李白小小李白，我们为什么不能当一个小李阳冰小小李阳冰呢？

让我们一起记住 1240 年前的那个初冬的日子，记住那个姓李名阳冰字少温的人。

原载《南方》2002 年第 2 期

韩愈这个人

读中学时就知道韩愈，他是语文课文《原毁》的作者，伟大的文学家。

韩愈作为一个人第一次强烈地印在我的脑子里是最近，是我上了华山之后的事。

华山有一个景点，叫"韩愈投书处"。"韩愈投书处"在天梯上端，离金锁关还有百来个台阶。从云台峰要到朝阳峰、落雁峰和莲花峰，这里是必经之路。

西岳华山，自古以奇险著称，所谓"奇险天下第一山"。身临其境，站在天梯中间，往两边看，小腿有些发颤。一米见宽的石阶之外，别无可挡之物，左边是绝壁，右边也是绝壁，抬头是台阶，低头还是台阶。风过时，人不动而自摇。我连忙蹲下去，伸手抓住生了锈的铁链条。仗着手抓住铁链子，偷眼望一下脚下的绝壁，还是有一点眩晕。对面，也是一片绝壁，刀切过一般。阳光在白色的石壁上闪亮。仿佛有树，却是绿色的剪纸贴上去一般，没有一点生气。我终于半登半爬地来到了"韩愈投书处"。这是一处2米见方的小平台。直起身子，手扶石栏杆，舒了一口气。一阵风，对面绝壁上的阳光不见了，代之以一团团白雾。我身边的石壁上，有石刻描红道：韩愈投书处。

有一则小故事说：韩愈好奇，和客人一起登华山绝峰，看看下不来，以为无生还之望，"乃作遗书，发狂恸哭"。后来，华阴令设法把他救下来。

这不是写《原毁》的大文豪，这是一个既爱玩又怕死的人。他有许多牵挂，很想不开又很放任，很不注意自己的形象。他也许是受到他的前辈诗人李白诗的感染才到华山来的，上山之后却又潇洒不起来。李白的诗写得多好啊！"西岳峥嵘何壮哉！黄河如丝天际来……三峰却立如欲摧，翠崖丹谷高掌开。白帝金精运元气，石作莲花云作台……"也许，韩愈韩十八是一路唱着李白的诗上山来的。上了山才发现，上当了，上了李白天才想象的当，但已经来不及了。"石作莲花云作台"，说起来轻巧，想起来浪漫，做起来难。当然，李白是在想象中潇洒，真上了华山天梯，也未必就那么不当回事。我于是便想，韩愈其实也和我差不多。平时看样子还算潇洒，真到生死关头，也就想着写遗书什么的，只顾哭，不讲究身份和脸面。无端地便与韩愈亲近了起来。

下了山便想，韩愈是一个什么样的人呢？

《邵氏闻见后录》说："退之丰肥喜睡"；《梦溪笔谈》说："退之肥而寡髯"。也就是说，韩愈是个胖子，没有什么胡子，贪眠。闭上眼睛想一想，那样子有点可爱，特别是在夏日的午后，槐树下的石板上，睡着一个懒洋洋的大胖子，树上知了叫，树下鼾声响，十分有趣。韩愈晚年还有两个小毛病，一是吃金石药，一是近女色。想长生，图快乐，人之常情。

现在再读《原毁》，便觉得不像以前那么道貌岸然，那么严肃。不是他在那里教训我们，而是在和我们谈心，面对面，"古之君子，其责己也重以周，其待人也轻以约。重以周，故不怠；轻以约，故人乐为善"。原来如此，他并不以古之君子自居，他在对你说，也在对自己说，他在与我们商量着说。

我们常常忘记古人名人也是人，他们在写文章、写诗的时候也是一个活生生的，有七情六欲的男人或女人。说起来，古人今人都是人，伟人常人都是人，但要真正把人当人看也真不容易。如果有一天，大家都把人当人看，大家都处在真正平等的位置上，不管是古人今人、中国人外国人，人与人之间，平等对话，平等交流，那世界一定会更亲和、更美好。

胡乱想了一通，觉得这趟华山没有白上，让我在天梯上看到一个活生生的韩退之韩昌黎韩十八。这当然首先要感谢韩愈，好在他1000多年前上了一趟华山，给我们留下这一则故事。这故事记在古人的书里，《国史补》有，《太平广记》有，《唐语林》也有。

后来，听说有人出来辟谣：没那么回事。理由是，伟大如韩文公，不可能出这样的丑闻。这事在古书上也有记载。我想，辟谣的人犯了和我一样的毛病，不把韩愈当人看。看来，不把大人物当人看，自古有之。

原载《杂文月刊》2003 年 10 月号

包公 很累

在中国，无人不知包公，包公者，包拯也。但细想，包公与包拯还是有区别的，区别还真不小。包公是神，最少是半神半人，或者是神化了的人。包拯才是史书上记载的那个出生于庐州合肥姓包名拯字希仁的人。

小时候，包公在我的心目中就是神。他的额头上有一弯月亮，不但能断人间的案子，还能断阴间的案子。有人死得冤，便托梦给他，有了死者托梦，他便有线索，能找到证据，把被告送上断头铡。想不到现在包公给我的印象还是神。开封有座包公祠，合肥也有一座包公祠。在开封的包公祠，导游对我们说，贪官不敢摸刻有包公名字的碑，因为一摸就头痛。在合肥的包公祠，我看到几个女士在那里跪拜磕头，包公祠内香烟缭绕。

包公是个人，因为史书上写着。当然史书也未必全信，比如同是脱脱写的《宋史》就说赵匡胤出生时，"赤光绕室，异香经宿不散，体有金色，三日不变"，有些不可思议。但史书大抵可信。读《宋史·包拯传》，得知包公生平事迹，没有传说和戏文里那么神。他是一个人，一个活了64岁的男人。这个男人不简单，先是读书，后来中了进士，以后当官。从大理评事开始，做到枢密副使。死时，赠礼部尚书，谥"孝肃"，很风光。他最为人知的官职是东京开封府的行政长官，当时的叫法是"权知开封府"，权知，其实是临时主持的意思，而且时间很短，前后不足一年半。包拯是清官，又是运气比较好的官，仕途基本顺利。宋代对于知识分子来说，是一个比较宽容的时代，宋仁宗又是一个比较开明的皇帝，听得进尖锐的意见，又了解包拯的忠诚。这是包拯的幸运。

但包拯并不轻松，他的不轻松是他自找的，因为他一生都在与贪官作斗争。他有一篇奏疏叫《乞不用赃吏》，在这篇给宋仁宗的奏疏中，他说："廉者，民之表也；贪者，民之贼也。"他清醒地看到，"今天下郡县至广，官吏至众，而赃污摘发，无日无之"。他主张，一切臣僚犯法贪污，都从严治罪，不稍宽宥，即使遇到大赦，也永不录用。他认为，人生一旦陷入脏滥，失去人道，就会像禽兽、妖魔一样，什么坏事都干得出来，那就不再是人，枉为人生。他这么说，也这么做。

他时刻盯着自己，也盯着别人。这在他还没有当官时就开始了。有一次，有富人请他和他的朋友吃饭，他不去，他说："彼富人也，吾徒异日守乡郡，今妄与之交，岂不为他日累！"用现在的话说，他是富人，我们读书应举，万一将来中了举回乡当官，未仕先吃人酒席，将来人家有事找上门来，就不好办了。当了官之后，他更是严格要求自己，"与人不苟合，不伪辞色悦人，平居无私书，故人、亲党皆绝之。虽贵，衣服、器用、饮食如布衣时"。临死还不放心，说："后世子孙仕宦，有犯赃者，不得放归本家，死不得葬大茔中。不从吾志，非吾子若孙也。"

你说累不累？生前累，死后更累。人们动不动就把他抬出来，把许多愿望加在他的身上，用他来惩办贪官，把他从人变成神。但他不能不这样做，因为他这么做了，他才是包公，才是老百姓的希望。但我想，包拯的累是社会使然。他生活在封建专制的社会，封建专制是滋长腐败的温床，他不这样他就有可能同流合污。因为流是污的，要出污泥而不染就得把自己撑起来，把自己和家人盯紧了。所有的清官都很累，包拯累，海瑞累，于成龙也累。清官难当啊。

能一辈子都撑着，让自己这么累的人很少。所以清官很少。

假如当清官不那么累，会不会有更多的清官出现呢？我想，如果有一种有别于包公的时代，有别于包公所处的体制和机制，使良心尚存的当权者和有意公正的执法者不那么累，也许会有更多的包公出现。我们呼唤了千年的包公，但包公大都还在小说戏文里。如果我们改变一种呼唤的方式，说不定会有许多包公出现。

原载《姑苏晚报》2003 年 11 月 4 日

坐在李鸿章家的院子里

今年夏季的某一天，我坐在李鸿章家的院子里。天很热，院子里没人。同伴说照个相留个纪念，于是便在走廊照了相。

李鸿章的老家在安徽省合肥市的闹市区，那条街叫淮河路。四周都是高楼，唯有他家是平房，暗灰色的，门口还有两只石狮子。我路过那里，顺便进去坐坐。大家知道，李鸿章和他的家人早已过世，他的家由别人管着，还卖门票。好在门票不贵。

听说过去这里一条街全是李家的房产，百年变迁，不知不觉中，就剩下这一座了。于是走上李府的台阶，便有一点历史感。想当初，李中堂家不是花30元就能随便进去的。

大厅里的家具全都古香古色的，墙上挂满字画，还有许多老照片。第一次看到李鸿章的字有些惊讶。李鸿章名声不好，本人自读书识字以来就知道他是卖国贼，没想到卖国贼也写得一手好字。再看看墙上的照片和图片，知道了许多以前不知道的事情，比如，当代佛学大师赵朴初的祖父的祖父是李鸿章第二任夫人赵小莲的祖父。又比如，著名作家张爱玲也是李鸿章的亲戚，算起来，张爱玲是李鸿章女儿的孙女。

在李鸿章家里看李鸿章的事迹生出许多亲切感，原来李鸿章不单是"贼"，还是人，而且是一个有作为的人。李鸿章所处的时代，用他自己的话说，是"三千年一大变局"，用我们习惯的说法是中国日渐沦为殖民地半殖民地的黑暗之中。他做了不少同时代人不能做不想做不敢做的事情，用梁启超的话说，"然鸿章以汉人而代表满清暗无天日之政府，愚而无知之国民，而与列强相周旋，故不得不以息事宁人为本，使国人不无故启衅以招祸。欲使列强不强事侵略，输款租地之举，当然在所不免。满清帝国苟延残喘，偷生于惟利是争之世界者，垂三十年，鸿章之功不为不大，虽有小过岂足道哉"。梁启超是大学者，可惜是资产阶级和改良主义的，自身尚且难保，谁还敢信他？半个世纪来，说到李鸿章，众骂纷纭，骂声中，李鸿章成了卖国主义的代名词。"众骂纷纭"不是众说纷纭，如果是众说纷纭也许不一样。骂是不用讲理也不许还口的，何况之于死人。说就多少要讲点理，说说原因，个人的、社会的、历史的、文化的，摆事实讲道理。平心而论，许多事他是身不由己的。《马关条约》李鸿章不签，张鸿章，王鸿章也会签。再说，打了败仗，慈禧让李鸿章去日本签字，他不去行吗？不是说弱国无外交吗？不是说落后就要挨打吗？这积弱、落后的责任难道要李鸿章一个人来承担？为了"及早自强，变易兵制，讲求军实"，李鸿章倒是实实在在做了不少事情，有些事甚至有些名称，至今还在用，比如"招商局"。中国近代早期四大军工企业江南制造局、金陵机器局、天津机器局、福州船政局，除福州船政局是左宗棠、沈葆桢合办的外，全是李鸿章办的。他还开办了轮船招商局、天津电报总局、上海机器织布局、开平煤矿、漠河金矿等，率先提出并修建铁路，建立同文馆，选派学生出洋。这些大都是开先河之举。如果说，提出"师夷长技以制夷"的魏源、林则徐是"放眼世界的第一人"，那么，倾心办洋务以"求富""自强"的李鸿章则应是"起步走向世界"的第一人。

在李鸿章家里生出这许多想法，有点"吃人家的嘴软"的味道，走出李鸿章的家门就有些忐忑不安了。这样想合适吗？加之热浪阵阵，便出了一身汗。买一瓶冰镇矿泉水，一边喝一边想，过去我们好骂人，骂古人，骂洋人，骂别人，最后骂自己（骂自己叫"在灵魂深处闹革命"）。如果换一种思维方式，想想古人、洋人、别人有什么可敬可爱可学之处，说一点好话，学一点东西，哪怕是一点点，也许会进步得快一些。

于是回头再看一眼李府，心平气和地说一声，拜拜。

原载《姑苏晚报》2003 年 11 月 27 日

给海瑞一个平台

这几十年，海瑞的形象在我的心中是多变的。

小时候海瑞是全能的破案专家，这印象来自一本叫《大红袍》的小说。

中国老百姓有个清官情结，终其原因，有人归结为社会的黑暗，在我看来，只是一种希望的寄托。平心而论，大多数知名的清官不是出在所在朝代最黑暗的时期，倒是出在所在朝代相对太平繁荣的时期。当然，太平并不意味着没有阴暗，没有腐败，在一定意义上说，太平使阴暗更阴暗，使腐败更腐败。因此，老百姓渴望清明。所以海瑞去世时，"丧出江上，白衣冠送者夹岸，酹而哭者百里不绝"。

但是，和四百多年前的情形相比，现在的海瑞墓太冷清了。海瑞是琼山人，他的墓在海口。我到海瑞墓刚过下午三点，正是冬日最美好的时光，整座陵园的参观者却只有三个人。一个管理人员在下象棋，自己和自己下。我感到奇怪，问，以海瑞的名气，何以如此冷清？那人愤愤不平地说，旅游公司不在这里设点。我说你们得争取。他苦笑道，椰风海韵，还有来自四面八方的"小姐"，谁还想看海瑞？

想想，也是。又想想，好像出了什么毛病。

走出海瑞墓地，回头再看看万历皇帝的御制碑："粤东正气"。心里一动。

终海瑞一生，名气最大的是敢于犯颜直谏。在那个时候，向皇帝提意见是要冒掉脑袋风险的。但海瑞就是不怕掉脑袋。"时世宗享国日久，不视进，深居西苑，专意斋醮。督抚大吏争上符瑞，礼官辄表贺。"简直是乌烟瘴气。但偌大的一个中央政府，却"无敢言时政者"。只有海瑞敢说话，"独海瑞上疏"。《明史·海瑞传》中把海瑞的意见全录下来，写得好也写得直，甚至要皇帝"翻然悔悟"。难怪嘉靖皇帝气得发抖。接下来是传记原文，写得很生动："帝得书，大怒，抵之地，顾左右曰：'趣执之，无使得遁。'宦官黄锦在侧曰：'此人素有痴名。闻其上书时，自知触忤当死，市一棺，诀妻子，待罪于朝，僮仆亦奔散无留者，是不遁也。'"我想，谁读到这里，都会感到海瑞的凛然正气。

海瑞运气好，没死成。一是嘉靖皇帝也为之"感动太息"了一阵子，二是嘉靖皇帝不久便驾崩了，换了新皇帝，就是写"粤东正气"的万历爷。新皇帝给海瑞升了官，一直当到南京右都御史，也就是中央监察机关的最高长官。当了部长级干部的海瑞却一贫如洗。"卒时，佥都御史王用汲入视，葛帏敝籯，有塞士所不堪者，因泣下，醵金为敛。"读传读到这里，在心里发酸的同时，又一次感到一股正气往上冒。

我想，我们讲海瑞讲清官，不如讲正气。清官是别人的，高高在上，是希望也是依赖。而正气是自己的，可以自己长，所谓"养浩然之气"，从心底冒出来。有了这股正气，就是没了清官，也能坚持真理，也能"拒腐蚀永不沾"，也能立于不败之地。一个人如此，一个民族亦然。

现在别的东西都有那么多广告，那么多炒作，我们为什么不给海瑞一个平台，弄个电视剧什么的，在央视播一播，让海瑞也有参与公平竞争的机会。中国这么大，人口这么多，说不准还真有喜欢的。就是中国人不喜欢，外国人有喜欢的也难说，不是说美国有人喜欢雷锋同志吗？

我想，我们不会连万历皇帝都不如吧。

原载《漳州广播电视报》2004 年 2 月 11 日

好运
的魏徵

　　在中国，魏徵和唐太宗的故事几乎人人皆知，主要是魏徵如何敢提意见，唐太宗如何善于接受意见，甚至于他做了错事还不敢让魏徵知道。《唐语林》中有一则故事很生动也很感人。我把这则故事原文抄录如下：太宗得鹞绝俊异，私自臂之，望见郑公，乃藏于怀。公知之，遂前白事，因语帝王逸豫，微以讽谏。语久，帝惜鹞且死，而素严敬征，欲尽其言。征语不时尽，鹞死怀中。

　　这看起来是一件小事，却以小见大，足见魏徵之敢，也见太宗之好。而且有点中国式的幽默。当皇帝的玩一只鹞是何等的小事，却怕魏徵看到，无非是怕他说他玩物丧志，见魏徵来了，慌里慌张地把鹞藏到怀里。而魏徵明明看见却假装没看见，故意走上去和他说一些古代帝王寻欢作乐的事，借以讽谏，而且一说就没完没了，他还没有说完，鹞就闷死在皇帝的怀里。读这故事，微微一笑之后，便想，魏徵这家伙不知哪辈子修来的好运气，遇见了这么好的皇帝。

　　但是再好的皇帝也有生气的时候，皇帝一生气，有时就想杀人。《隋唐嘉话》中有一则故事，说的就是唐太宗生气，差一点把魏征给杀了："太宗曾罢朝，怒曰：'会杀此田舍汉！'文德后问：'谁触忤陛下？'帝曰：'岂过魏征，每廷争辱我，使我常不自得。'后退而具朝服立于庭，帝惊曰：'皇后何为若是？'对曰：'妾闻主圣臣忠。今陛下圣明，故魏征得直言。妾幸备数后宫，安敢不贺？'"

这又是另一种风格的幽默。皇帝因为魏征老提意见，话又说得难听，让他下不了台，一怒之下动了杀魏的念头。皇后不说劝解的话，而是"退而具朝服立于庭"，向皇帝表示祝贺。祝贺的话又说得那么动听。皇帝自然转怒为喜，以后就更加看重魏征了，连他的举止都觉得好看："人言魏征举动疏慢，我但觉其妩媚耳。"

看看，魏征的运气多好，遇上一个好皇帝，还遇上一个好皇后。好运气几乎让他全占了。换了别的皇帝，或别的皇后，在皇帝生气时添油加醋，他早死定了。但我进而又想，魏征的好运气还因为他死得早，他比唐太宗早死六年，要是他死得晚了，换了一个皇帝，他这爱提意见的老脾气还是改不了，就难说了。无形当中又为他捏了一把汗。

后来读宋史，读到一则故事，又想，魏征要是活在宋代，那就好了，不会出现我担心的事了，也就是说，即使没有遇上好皇帝和好皇后，意见照提，还是死不了。宋太祖赵匡胤曾立下三条规矩，这三条规矩刻在碑上，"立于太庙寝殿之夹室，谓之誓碑"，让所有新皇帝即位时都在誓碑前发誓执行。这三条规矩的第二条是："不得杀士大夫及上书言事者。"这是一个制度，有宋300年基本上执行了这个制度。看来，所有宋朝的那些爱提意见的大臣，运气都比魏征好，不用担心杀头，因为有了制度保障。

当然，宋太祖的制度是皇帝的制度，皇帝的制度从根本上来说是维护皇家的利益，换了一家皇帝，说改就改。别的不说，到了明朝，海瑞想提意见，就得把棺材都准备好了，也和妻子诀别了，做好了死的打算。这样一比，又十分地为魏征庆幸了。

可话说回来，我们说魏征运气好，不是说我们很羡慕他。我们才不。我们现在不是封建社会，我们是法制社会。我们是国家的主人，在我们的社会里人人平等，我们公民想提意见就提意见，不用担心杀头，因为有宪法保护我们，我们的宪法是人民的，永远变不了。

一想到我们每个人的运气都比魏征好，心里就充满无穷的幸福感。

原载《漳州广播电视报》2004 年 2 月 25 日

潇洒人生

　　常听人把潇洒挂在嘴上，这也潇洒那也潇洒，弄得很没自信，这辈子有点白活。心有不甘，想，何不也潇洒一回。却又不知如何潇洒法，迟迟不敢动手。后读李靖，原来潇洒人生自古有之，只是潇洒来自内心，不好学。

　　李靖的潇洒有三：青年率真、中年务实、老年平和。

　　李靖"始困于贫贱"，但人穷志不穷，常说"大丈夫遇主逢时，必当立功立事，以取富贵"。有次他路过华山庙，对山神诉说抱负，并问，我到底能当多大的官？"出庙门百许步，闻后有大声曰：'李仆射好去。'顾不见人。"唐制，仆射是尚书省主官，是国家最高行政长官，相当于国务院总理。李靖的率真感动了华山神，脱口把天机泄漏：李总理，您走好。隋大业年间（605—617 年），李靖在马邑，觉察到太原留守李渊正在密谋起兵，想到江都向在那里巡幸的隋炀帝告发，不料"至长安，道塞不通而止。高祖（李渊）克京城，执靖将斩之"，在这生死关头，他大声喊出自己的真实想法："公起义兵，本为天下除暴乱，不欲就成大事，而以私怨斩壮士乎！"他这一喊，喊出了自己一条命，"高祖壮其言，太宗又固请，遂舍之"。从而开始了新生活。

李靖的中年做了许多事。武德四年（621年），他担任荆湘道行军长史，相当于一个方面军的参谋长，率兵消灭梁王萧铣，因功授上柱国，封康安县公，武德五年到岭南，受权招抚诸州，使岭南96州全部为唐朝所有，"授岭南道抚慰大使，检校桂州决管"。武德六年，李靖作为李孝恭的副元帅，率兵平定叛乱，统一江淮，为唐王朝的确立，做出了贡献，授检校扬州大都督府长史。武德八年（625年），李靖又奉命到北部边疆，投入反击东突厥的战争，消灭突厥主力，生擒突厥可汗颉利，号称控弦百万的东突厥国从此消逝。消息传到长安，举国欢庆。庆宴上，太上皇李渊亲自弹起琵琶，而皇帝李世民随乐起舞。李靖不但有实践，还有理论，他的军事理论以与唐太宗对话的形式流传至今，叫《唐太宗李卫公问对》，是我国经典军事理论之一，与《孙子》《吴子》等并称《武经七书》。

李靖晚年地位很高，官拜尚书右仆射，封卫国公。"太宗燕见卫公，常呼为兄，不以臣礼。"与皇帝的关系到了称兄道弟的地步，可见很铁。但他颇知自足，从不盛气凌人，"靖性沉厚，每与时宰参议，恂恂然似不能言"。这"恂恂然似不能言"很传神，他不是不会说话，他是谦虚得让人觉得不会说话。由于他的为人平和谦虚，被唐太宗誉为"一代楷模"。即使在别人诬陷他的时候，他也表现得很平静，从不为自己辩护，甚至有人告他谋反，他也只是"阖门谢客，杜绝宾客，虽亲戚不得妄进"，以此来证明自己的清白。他平和，但不是无为，当国家需要，他仍然会挺身而出，表现出一种该怎么样就怎么样的豁达。64岁时，吐谷浑寇边，唐太宗想让他挂帅出征，不好意思开口，李靖知道后，说："靖虽年老，固堪一行。"唐太宗喜出望外，任命他为西海道行军大总管，统兵西征。

我说李靖，正史野史一起说，为的是一种感觉，一种理解。潇洒是一种境界。你的心境有多真多宽就有多潇洒，潇洒是心灵的自由，是没有标榜的幸福。

原载《漳州广播电视报》2004 年 3 月 17 日

赵构这个人

　　猛地写下这题目，有点不好意思，因为赵构不是一般人，是皇帝。对皇帝说"这个人"很不恭，好在他早已作古，不会计较。要是对姓赵名构的书记或市长说，赵构这个人，那就会有一点麻烦。

　　作为人，赵构比较长寿，他生于大观元年（1107年），死于淳熙十四年（1187年），活了81岁。81岁在"人生七十古来稀"的古早时是很长寿的。据说在众多的中国皇帝中，活上80岁的只有三个，赵构一个、乾隆一个，还有一个是女皇武则天。

　　赵构的童年和少年都生活在皇宫里。他比较聪明，也比较可爱，史书上说他"资性朗悟，博学强记，读书日诵千余言"，读书之外，还学了一点武功，"挽弓至一石五斗"。赵构的青年时代很坎坷，19岁发生了历史上叫"靖康之难"的事件，金兵攻破东京，徽、钦二帝"北迁"，也就是他的父亲和哥哥以及所有的亲戚们，统统被抓走了。国破家亡。

　　后来，他在应天府当了皇帝。皇帝是当了，却当得可怜兮兮的。在金兵强大的攻势之下（据说，大金国的骑兵是当时世界上最具攻击力的军队），他只好"巡幸东南为避敌之计"，从商丘逃到杭州。这其间经历了许多艰险，几次差一点被金兵抓走，有一次差点掉到海里，还有一次，正抱着女人睡觉，突然来了敌情，"矍然惊惕，遂病蕉腐"，把生育能力吓没了，从此"后宫皆绝孕"。作为一个年轻人，有什么比这更惨的？

赵构的中年很操心，外有强敌压境，内有农民造反，内外交困。朝廷里，是和是战，争论不休。和也不是战也不是，没有一天舒心的日子。绍兴三十二年（1162年），也就是他55岁的时候，实在累得不行，烦得不行了，把皇帝位子让给宋太祖七世孙赵昚，自己当起了太上皇。退居二线，写写字，看看书，做做诗，有时到西湖玩玩，尝尝东京的传统小吃，怀怀旧，日子过得很悠闲。

从人的角度来看，赵构的晚年活得比较潇洒，细想，原因有以下三方面。

一是他离开权力中心之后，心态很快就调整过来，许多事想开了，不怎么计较。有一次他做生日，皇帝的进奉少了，他有点生气，见了宰相说："朕老不死，为人所厌。"宰相说："皇帝圣孝，本不欲如此，罪在小臣，谓陛下圣寿无疆，生民膏血有限，灭生民有限之膏血，益陛下无疆之圣寿。"他马上就"大喜"，喝了酒，还赏给宰相金酒器。

二是他有一个好妻子。吴皇后14岁入康王府，与他共患难，"后常以戎服侍左右。后颇知书，从幸四明，卫士谋为变，入问帝所在，后绐之以免"。且十分贤惠，"显仁太后（她名誉上的婆婆）性严肃，后身承起居，顺适其意"。大老婆好，小老婆也不错，《宋史》入传的十个妃子美人才人，也大都明理，不怎么闹家庭纠纷。

三是宋孝宗比较孝顺。人老了难免会耍小脾气，孝宗都顺着他。有一次一个当过郡守（市长）的人因犯法而被免了官，找到太上皇走后门，想复官，赵构答应了，皇帝尽管有些勉强，也照办了，违背原则为的是讨老爷子的欢心。所以史书上说宋孝宗"能尽宫庭之孝"，"其间父子怡愉，同享高寿"。

我们常说，祝你工作顺利，身体健康，合家幸福。这是老百姓的祝福。我想赵构基本达到了这个标准。他的工作是当皇帝，虽然名声不怎么好，但"靖康"之后，赵宋王朝因他得以中兴，他创立了南宋一百多年的江山，且南宋的经济文化发展超过北宋，所以工作上也差强人意。后两条，和其他做皇帝工作的人比起来，实在是"无有及之者"，幸福得可以。

当我把皇帝当一般人来玩味时，观念变得有些新潮，想想人家克林顿的桃色事件，想想人家撒切尔夫人上街买菜的事也不那么惊讶了。人嘛，我们是人，总统、首相、皇帝也是人。

原载《漳州广播电视报》2004 年 3 月 24 日

曹彬为人

曹彬是北宋的开国功臣，史称"宋良将第一"。但读曹彬的传记，想，这"良"字主要不是说他如何会打仗，而是说他为人如何好。

曹彬的好有五个方面：一是不贪。事周时，有一次出使吴越，人家送他许多东西，他不受，"吴越人以轻舟追遗之，至於数四，彬犹不受"。最后不得不收了，却造册上交国库。事宋后，"伐二国，秋毫无所取""时诸将多取子女玉帛，彬橐中唯图书衣衾而已"。二是秉性忠厚，从不说人坏，只说人好。有一次宋太祖就干部问题征求他的意见，他只说某某可用，而不说什么人不能用。三是为人平和，把人当人看。"位兼将相，不以等威自异，遇士夫于涂，必引车避之。不名下吏，每白事，必冠而后见。"四是同情弱者。野史上说："曹彬、潘美伐江南，城既破，李煜白衫纱帽见二公。先见潘设拜，潘答之，次见曹彬拜，曹使人迎语曰：'介胄在身，拜不及答。'识者善之。二公先登舟，召煜饮茶，船前设独木脚道，煜徘徊不能进，曹命左右掖而登焉。"虽说李煜原来是个皇帝，如今投降了，是弱者，作为胜利者，曹彬不忍心接受他的下拜，见他不敢走独木，又让人扶他上船。事虽小，却让人感动。第五个好，在我看来，与之相关，是他对妇女的爱护。曹彬"为帅知徐州，有吏犯罪，既具案，逾年而后杖之，人莫知其故。彬曰：'吾闻此人新娶妇，若杖之，其舅姑必以妇为不利，而朝夕笞詈之，使不能自存，吾故缓其事，然法亦未尝屈焉。'"这是一个非常典型的保护妇女的范例，也是曹彬对人的尊重，对弱者同情在妇女问题上的体现。

妇女是最大也是历史最悠久的弱势群体。什么倒霉事全摊在她们的头上，国家亡了，她们要负责，"桀之亡，以妹喜；幽之灭，以褒姒。晋之乱，以骊姬；吴之祸，以西施"。家庭败了，也怪妇女，"败国亡家之事，常与女色以相随"。曹彬生活在其中，深知妇女地位之低下，他怕由于丈夫的过失而使新婚的妻子无辜受到伤害，宁可把对他的处罚放在一年之后。我想，这位新婚的女子与他非亲非故，素不相识，只是他属吏的妻子，曹彬只是听说这个小吏新婚，便想到了，对他的处罚可能对这位妻子造成的伤害。从传统的观念看，儿子的被杖，作为公婆的会以为是新媳妇带来的坏运气，而讨厌她，早晚打骂而使她难以生存。这是曹彬的高人之处。在对待妇女的问题上，历史上不乏很有人情味的高官，但这些有幸的妇女大都与他们有关系，不是夫妻就是情人，比如相敬如宾、举案齐眉、人面桃花等。更进一步的就是死后允许老婆改嫁。比如唐朝的开国宰相房玄龄，年轻时生了一场大病，对老婆卢氏说，我快死了，你还年轻，找个好人家嫁了，好好地待他。我想房玄龄的思想还是很有点女权主义的，没想到卢氏自己反倒不解放，"遂入帐中，剜一目以示龄"。把自己的眼睛挖掉一个，以示忠贞，搞得房玄龄只好守着残疾人过一辈子。想想卢氏夫人的这种心态，更感到曹彬的难能可贵，也就是说，在整个社会，包括妇女本身在内，都不把自己当一个独立的人看待，都不关心自己幸福的时候，曹彬却能为素不相识的女人着想。窃以为，这种着想已超越个人情感，而站在观念的高度了。

作为将军，曹彬也许不是很突出的，但作为人，曹彬是很值得称道的。如果他是个理论家的话，我想他有希望成为人权和妇女解放的先驱。

原载《漳州广播电视报》2004 年 3 月 31 日

吕蒙正与鸡舌汤

最早进入我视野的历史人物是吕蒙正，那时我还很小，母亲喜欢唱芗剧，唱得最多的是"七字调"："八月十五是中秋，千金小姐抛绣球，绣球抛落吕蒙正，爹爹打赶不收留。"我问母亲："为什么不收留？"母亲说："穷。"

芗剧《吕蒙正》来自南戏《破窑记》。吕蒙正实有其人，《宋史》有传。他是北宋太平兴国二年（977年）丁丑科状元，只是相府千金抛绣球一节，不知真假。吕蒙正之前，宋朝似无刘姓宰相，而从吕的传记中得知其夫人姓宋，是不是宋初宰相宋琪的女儿，未考。吕蒙正的事迹颇具影响力，一是因为他穷，二是因为他中了状元。戏文里一般只唱到他中状元，娶相府千金。这很合传统的价值观，"洞房花烛夜，金榜题名时"。中国历史上700多名状元中，官至宰相的只有66人，占不到十分之一，而吕蒙正不但当了宰相，还是有宋三百年除开国功臣赵普之外唯一一个三次担任宰相的人，"国朝以来三入相者，唯赵普与蒙正焉"。可谓大福大贵了。

吕蒙正家不穷，他的祖父当过户部侍郎，父亲也是起居郎。他的穷是因为父母不和，他的母亲带他另过，所以"微时极贫"。野史上说，有一次他看到一个卖瓜的，想买瓜吃，可是没有钱，后来那个卖瓜的走了，"偶遗一枚"，实在饿得不行，就拣来吃了，拣东西吃自然心情不会好，所以叫"怅然取食之"。后来他中了状元，官越当越大，自然生活也就好过了。生活好过了便养成一个习惯，就是喜欢喝鸡舌汤。有一次他到后花园散步，看到墙角上有一堆东西，他以为是新修的假山，问，谁让修的？左右答，是老爷平时喝的鸡舌汤所杀的鸡毛堆起来的。他吃了一惊，我才吃几只鸡啊。左右答，一只鸡才一个舌头，而老爷喝一次汤要用多少只鸡？老爷喝鸡舌汤又喝了多少时间？"吕默然省悔，遂不复用。"也就是从此不再喝鸡舌汤了。

　　平心而论，一个当到总理级的大干部喜欢喝鸡舌汤也不是什么大毛病，而他本人却当成一个大缺点，说改就改，"遂不复用"，很干脆。细想，他也并非小题大做。他一个人喝鸡舌汤，已经喝出一座鸡毛山，要是他的夫人他的儿子们也跟着喝点鸭舌汤鹅舌汤什么的，那不知要喝出个什么局面来。对比当初饿肚子的情形，不"默然省悔"还真有点说不过去。吕蒙正是个太平宰相，为官比较清廉。他的宅第很大，可那是皇帝特赐的。有一次，人家要送给他一面能照200里的古镜（这可是国家一级文物），想求官，他笑道，我的脸只有一个碗碟大，哪里用得着照200里的镜子？断然回绝。宋初宰相的月俸是300贯、粟一百石，加上一年皇帝赐给的绫四十匹、绢六十匹、绵一百匹、罗一匹，单靠这些的收入，不贪污受贿，要维持一个大家族的开支和宰相府的门面，不节约是不行的。所以，鸡舌汤是喝不得的。所以，要保持廉洁，还得从俭做起，叫俭以养廉，这也是有古训的。这或许是他"默然省悔"的另一个原因。

我由此而想到新近看的一篇清代的笔记小说《道听途说·狐母》。狐母就是狐仙，狐仙略施手段，要什么就有什么，可她却这样教导她的养子："世所谓廉士者，不惟取之廉，用之必更廉，未有用之不廉而能廉于取者。我辈韬光晦迹，动止非人所能窥。苟不自节制，何物不可取？冥冥者不敢行，况昭昭者乎？童稚之年，虽一铢之细，不敢有挥霍，则养廉之道也。"取之廉的基础是用之廉，而用之廉，一要自我节制，二要从小做起。

看来，吕蒙正从此不喝鸡舌汤是对的，更何况，从保健角度看，那东西胆固醇太高，吃多了也不大好。

原载《漳州广播电视报》2004 年 4 月 7 日

为韩世忠叫好

读史读正史，也读野史。读野史读到这样一则故事：

绍兴二十五年（1155 年），韩世忠病重，皇帝派人去探望，可是去的时候他已经死了。不承想当天傍晚又活了过来，说，我还有三件事没办完，不能就这么死了。"一者，世忠久叨将帅，杀人至多，虽王事当然，顾安得无枉滥，拟欲建黄录大醮拔济之，且解释其冤结。二者，侍妾颇多，未办吩咐，欲令有父母者，归之；无者，嫁之。三者，外间举债负钱，虑子孙迫索，不无扰人，欲悉焚券。"于是，他又活了一个月，把这三件事办完，才安然而去。

野史就是野，未必当真。但我想，这故事反映一种心态的真实，它把韩世忠的朴实可爱的一面描绘得活灵活现。

韩世忠不是一般人，他是"南宋中兴第一名将"。史称南宋中兴名将有好几位，岳飞也在其中，还有张浚、刘光世等人。现在，岳飞的名气比韩世忠大得多，其实就当时的地位和作用而言，韩世忠远远超出岳飞，所以他是"第一名将"。建炎三年，也就是 1129 年，在决定南宋命运的关键时刻，韩世忠是行在五军制置使，浙西制置使，用现在的话说，是一个方面军的司令。岳飞只是一个军的统制，正式编制为2500人。把金兵挡住，形成宋、金对峙局面的主要将领不是岳飞而是韩世忠。他指挥的黄天荡一役，把金兵主帅金兀术打得落花流水，仓皇北去，奠定了宋、金南北格局，在当时具有重大意义。南宋150多年的经济文化发展超过北宋，这是公认的。韩世忠立了大功，"进太保，封英国公，兼河南、北诸路招讨使"。但是，局势稳定之后，当局对他不放心，夺了他的兵权，给了他一个枢密使的京官。枢密使名义上是全国最高军事长官，但没有实权。韩世忠想得开，他上书把这官也辞了，"自此杜门谢客，绝口不言兵，时跨驴携酒，从一二奚童，纵游西湖以自乐"。

韩世忠晚年的确过得很潇洒。皇帝有时送他一二副字画，皇后有时请他的夫人到宫里聊聊天。他行伍出身，小时候家里穷，没什么文化，此时也开始学习写字、做诗、填词。有"临江仙"云："终日青山潇洒，春来山暖花浓。少年衰老与花同。世间名利客，富贵与贫穷。荣华不是长生药，清闲是不老门风。劝君识取主人翁，丹方只一味，尽在不言中。"又自号"清凉居士"，于是就更有点超凡脱俗的样子了。"清凉"二字很妙，一是透露一点伤感，他是延安人，清凉山在延安，人老了，想家乡了；二是有点禅，把一切都想开了。

当然，说他有点禅并不是说他不食人间烟火，他还是一个人，一个正派人。史称，他解兵权时，"遂以所积军储百万贯，米九十万石，酒库十五归于国"。可见不贪。又称，"岳飞冤狱，举朝无敢出一语，世忠独撄桧怒"，指责秦桧以"莫须有"罪名陷害岳飞。别人劝他小心，他说："今畏祸苟同，他日瞑目，岂可受铁杖于太祖殿下？"正气凛然。

我读史，不管正史野史，常常读出一脸惭愧。

以韩世忠功绩之辉煌、地位之显赫，足使我们"现代人"羡慕不已，但他的人格，他的一身正气，他对功名利禄的淡泊，他的那种提得起、放得下的心态，对于时下这种追名逐利，金钱至上的"现代社会"，无疑是一副清凉剂。

读罢韩世忠，不禁击掌而呼：好！

原载《姑苏晚报》2004 年 4 月 16 日

苏东坡吃茶

　　闽南话"吃"字很好用，能吃的能喝的不能吃的不能喝的都叫吃，比如吃饭叫吃饭，抽烟叫吃烟，贪污受贿叫吃钱，贪官叫"吃钱仔老爹"。所以吃茶就是喝茶，含饮茶、品茶、呷茶等。苏东坡吃茶就是苏东坡喝茶。当然，说苏东坡吃茶有些不文雅，很容易让漳州人想起农民进城，蹲在府埕边吃"豆干面份"（手抓面）的情形。

　　苏东坡是文化名人，说他吃茶是把名人平民化。但我想，当初苏先生吃茶的时候未必就想到自己是名人，他想得更多的应该是隐居，隐居就有一点半读半农的味道。而且他的确种过田，就是在他当官之后也种过。《苏长公外纪》上说："东坡在黄，即坡之下，种稻五十亩，自牧一牛。"又种水稻又养牛，很农民，所以说他吃茶，有可能更接近本来的情形。

　　苏东坡活了66岁，一辈子吃过许多茶，单留下来的与茶有关的诗词就有70余篇。他吃茶其实和我们没什么两样。吃茶是一个过程，先生火，后烹茶，再把烹好的茶水倒在碗里，最后端起来喝。我说"我们"是指像我这种比较土的人。如今城里，吃茶是很讲究的，所以叫"功夫茶"。要是到了旅游区，那种茶道表演就更不得了，"文化"得让你不好意思吃。我还是喜欢苏东坡的吃法，朴实而充满情趣，"活水还须活火烹，自临钓石汲深清；大瓢贮月归春瓮，小杓分江入夜瓶。雪乳已翻煎处脚，松风忽作泻时声；枯肠未易禁三碗，卧听山城长短更"。这是吃茶，更是在享受生命的乐趣，是人与自然的交融。与之相比，时下人们的工夫茶和所谓的茶道，就有点"作秀"了。

苏东坡吃茶一般吃好茶，不好的茶只用来漱口。我们现在提倡保健，把茶的作用说得如一朵花。但苏东坡认为，任何东西都有两面性，茶也一样。"除烦去腻，世不可阙茶。然暗中损人，殆不少。"损什么？"消阳助阴"。所以他说："吾有一法，常自珍之。每食已，辄以浓茶漱口，烦腻既去，而脾胃不知。"吃茶吃好茶而且吃出许多诗词，这是苏东坡吃茶与我们的不同之处。还有一样，我想是前无古人后无来者的，就是他给茶立了传，把茶当人来立传，别出心裁，读来十分亲切。这篇传记叫《叶嘉传》："叶嘉，闻人也，其先处上谷。曾祖茂先，养高不仕，好游名山，到武夷，悦之，遂家焉……"他塑造了一位志向挺立，容貌如铁的清白之士。他忧国忧民，只要有用于世，粉身碎骨也在所不惜，就是面对皇帝，也据理直言，"司喉舌，以苦辞逆耳"。我想这是对茶的颂扬，也是苏东坡的自况和追求。

苏东坡是一位生命意识很强的作家，有人说他是中国文学史上诗中写及"人生如寄"最多的作家。他很注重生活的质量，在忧国忧民的同时，过好每一天，尽情享受人生。他的生活十分有情趣，喜松喜竹，琴棋书画，这些太雅，不说。单就俗的讲，他的酒吃得有滋有味，不说他大量有关酒的诗词，单一句"把酒问青天"就足以盖倒天下所有的酒徒。

他的肉也吃得有滋有味，连肉如何煮法，都十分讲究，"净洗锅，少著水，柴头罨烟焰不起"。如今宴席上，"东坡肉"几乎席卷天下。他的爱情也有滋有味，一句"十年生死两茫茫，不思量，自难忘"，不知勾出千百年来多少男人的眼泪。

还是回到苏东坡吃茶。"仙山灵草湿行云，洗遍香肌粉末匀；明月来投玉川子，清风吹破武林春。要知玉雪心肠好，不是膏油首面新；戏作小诗君勿笑，从来佳茗似佳人。"这是他的一首茶诗，最后一句是名句，过目不忘，而且很耐人寻味。

原载《漳州广播电视报》2004 年 4 月 28 日

『贪吃』的张齐贤

　　张齐贤是北宋名臣（《宋史》有传），官至左仆射，以司空致仕，72岁去世，赠司徒，谥文定。张齐贤给我印象最深的不是他当过什么官，有过什么政绩和荣誉，而是他的"贪吃"。

　　他的贪吃与贪官不同。贪官花天酒地，吃尽山珍海味，然后吃进牢房；他的贪吃却吃出一片锦绣前程。

　　张齐贤是人，人要活命，第一要义自然是吃。可他家穷，"贫甚"——穷得叮当响。"少时家贫，父死无以为葬"，可怜兮兮的。偏偏他"姿仪丰硕"，个子又高又大。个子大食量就大。"饮啖兼数人，自言平时未尝一饱，遇村人作愿斋，方饱。尝赴斋后时，见其家悬一牛皮，取煮食之无遗。"其贪吃之状，跃然纸上。

　　张齐贤的贪吃，可以理解。个子大，消化好，肚子饿，也就不用讲什么面子，讲什么斯文，填饱肚子最重要。当然，他如果仅仅为了吃饱肚子而活着，他就不是史书上的张齐贤。"孤贫力学，有远志，慕唐李大亮，故字师亮。"人无志，非人也。他所仰慕和想效仿的李大亮，

122

是唐朝的开国功臣，更是一个有胆有识的人。《青琐高议》上有一则故事，很有意思："张齐贤布衣时，性倜傥，有大度，孤贫落魄，尝舍道上。一日，偶见群盗十余人饮食于逆旅之间，居人皆恐惧窜匿。齐贤径前揖曰：'贱子贫困，欲就诸公求一醉饱，可乎？'盗喜曰：'秀才乃肯自屈，何不可者！顾我辈粗疏，恐为秀才笑耳。'即延之坐。齐贤曰：'盗者非碌碌辈所能为也，皆世之英雄耳。仆亦慷慨士，诸君何间焉？'乃取大碗，满酌饮之，一举而尽，如是者三。又取豚肩，以手擘为数段而啖之，势若狼虎。群盗视之骇愕，皆咨嗟曰：'真宰相器也。不然，安能不拘小节如此也。他日宰制天下，当念吾曹不得已而为耳。愿早自结纳。'以金帛赠之，齐贤不让，遂重负而返。"强盗的话未必可信，但他的豪爽、他的大度、他的倜傥，却是如闻其声如见其人的。在这里，吃已退居其次，要是无胆无识，他敢吃，他吃得成吗？

然而，这一次的吃与他后来在皇帝面前的吃法相比，却又是小巫见大巫了。请看《邵氏见闻录》上的记载："太祖幸西都，文定献十策於马前。召至行宫，赐卫士廊餐，文定就大盘内以手取食。帝用柱斧击其首，问十事，文定且食且对，略无惧色。赐束帛遣之。帝归谓太宗曰：'吾幸西都，为汝得一张齐贤，宰相也。'"可见这一次在皇帝面前放肆的吃法，对他的未来至关重要。正史中也有类似的记载，只是没有且食且对的细节，而着力写十事，"齐贤以手画地，条陈十事……内四说称旨，齐贤坚执以为皆善，上怒，令武士拽出之"。大概是为尊者讳的缘故吧。正史得记正事，记大事，个人的吃是必须省略的。

宋太宗记住了张齐贤，张齐贤因此交了好运。宋太宗即位后，张齐贤"擢进士"，"以大理评事通判衡州"。官一路做上去，一直做到宰相。

张齐贤饿过肚子，深知民以食为天，主张让老百姓休养生息。"民获休息，则田业增而蚕绩广，务农积谷，以实边用。"他带兵打战，也不忘屯田，"置屯田，领河东制置方田都部署"。他说过这样的话："人民，本也，疆士，末也。五帝三王，未有不先根本者也。尧、舜之道无他，在乎安民而利之尔。民既安利，则远人敛衽而至矣。"

张齐贤贪吃的事全发生在"布衣"时，入仕后找不到贪吃的记载，且持"务农积谷""安民而利之"之说，这是我喜欢他的地方。

原载《漳州广播电视报》2004 年 5 月 12 日

北宋的开国宰相赵普没什么文化，没什么文化的赵普有时很失面子。比如有一次，皇帝想改年号叫"乾德"，说这年号自古以来没人用过，赵普在一边大加赞美。这时，翰林学士卢多逊说："这是伪蜀时用过的年号。"赵匡胤大惊，马上让人去查，果然。于是皇帝十分生气，顺手拿起笔在赵普的脸上一抹，说："你真是不如他！"

卢多逊肚子里有很多墨水，又善于整理资料，"卢相多逊在朝行，将历代帝王年历，功臣事迹，天下州郡图志，理体事务，沿革典故，括成一百二十绝诗，以备应对。由是太祖、太宗每所顾问，无不知者"。赵普是个实在人，不会做表面工作。"普少习吏事，少学术。"先天不足，也没有不懂装懂。但他重实用，读的书不多，却学以致用。他对宋太宗说过这样的话，"臣不知书，但能读《论语》。佐艺祖定天下，才用得半部，尚有一半，可以辅陛下"。于是有"半部论语治天下"之说。儒家经典《论语》如今是一门高深的学问，所以产生很多研究《论语》的教授和博士生导师。在古代，却是儿童读物，"小儿学问止《论语》，大儿结束随商贾"。这是杜甫说的。赵普好就好在敢于承认自己的缺点，读儿童读物不等于就没有学问，"普托迹诸侯十五年"，也就是当了十五年各路节度使的幕僚，在实践中学了许多学问，积累了许多经验。唐末五代节度使的幕僚，一是出谋划策，二是代写奏折、书札，大抵如现在的机要秘书，是很能锻炼人的。后周显德三年（956年），赵普入赵匡胤幕府，时36岁，正是一个男人最好的年华。三年后，陈桥兵变，赵匡胤黄袍加身，当了皇帝。黄桥兵变中，赵普是赵匡胤的掌书记，实际上的谋主，他运筹帷幄，筹划周密，指挥得力，迅速而成功地完成了夺权之举，立下了"佐命巨勋"，显露了出色的政治才能。此后，他从枢密副使到枢密使，四年后出任宰相，并独相十年，晚年，又两度出任宋太宗的宰相。开国宰相不是那么好当的，但赵普当得很不错，所以清代学者钱谦益称道："伟哉书生，韩王赵普。"

我于是想，是啊，"半部论语治天下"，赵普真不简单啊。可再仔细想想，不对。国家那么大，人口那么多，事情那么杂，且立国之初，百废待举，只用一部书要治理好，不大可能。后来发现，他实际上读的和用的都不止一部书，《神道碑》说他"及至晚年，酷爱读书，经史百家，常存几案，强记默识，经目谙心，硕学老儒，宛有不及，既博达于今古，尤雅善于谈谐"。"经史百家"，就是不止一家。有一次，赵匡胤问赵普，"天下何物最大？"赵普说："道理最大。"这"道理"是什么？越普说："帝王若赏罚无私，内外无间，上求其理，下竭其诚，驯至太平，不为难事。"又说："天发生于春夏，肃杀于秋冬，不私一物，此所以能长久，王者所宜法也。"这个"道理"，要求帝王内外无间，不私一物，像自然界的气候变化一样，循规运行，不随意变化，才能达到天下太平。这是老黄的思想，他这样说，也这样做。看来赵普之所以能当好开国宰相，靠的不只是一部书，而是好多部书，好几种学说，互相补充，综合应用。

　　一个人可以读一本书，记住一句名言，一辈子受用无穷，但要治理一个国家就不是那么简单了。退一步来说，一种学说一部著作可以治理一个国家，比如儒家学说，管了中国一两千年，实际上也都是儒、释、道三家并用互补，而且越到后来，社会越发展越进步就越不管用了，更何况，那是在传统的人治社会。在现代社会，在法治国家，就必须综合各种学说，博采众长，形成切实可靠的一套治国理政方法。我想，要是赵普活到现在，也不敢说"半部论语治天下"这样的大话了。

原载《南方》2007 年 10 月号

笔架山 走笔

　　到巩义杜甫故里时，我以为自己会激动，却没有，心平如镜。也许是因为那里正在为旅游大兴土木的缘故。整个诗圣故里成了大工地，到处是土堆和木料，以及盖了一半的木质结构房子。听说那也是 20 世纪 90 年代重修的，还听说 80 年代之前不是这样的，凄凉得多，也真实得多。

　　我们找到杜甫诞生的窑洞，留了影。窑洞的门锁着，从门缝往里看，黑黢黢的，约 20 米深。里面有一尊杜甫的塑像，看不清楚。门上有对联。门楣上横联是：忆昔视今。门框上的对联是：身临邃洞钦诗圣；面对高山仰哲人。门扇上的对联是：洞愈千载隆今古；诗卒一门盛祖孙。不知是何时何人所书。这"面对高山"，不知是指对面的邙山，还是背后的笔架山。站在杜甫的角度看，是对面的邙山，站在我们的角度看，则应该是笔架山了。但是，不管是邙山还是笔架山，现在看来，都称不上"高山"。大概古早时，这里的地势比较低，看起来有点高山的样子。邙山名气大，经常在书上出现，如雷贯耳，原以为巍峨得很，却不想是一条长长的矮矮的山脉，这要是在漳州，根本就没人会提起。听说它是秦岭的延伸，延洛河向东，不说别的，就单是山下的河图洛书、北魏石窟、杜甫陵园和北宋皇帝陵园，就足以让人瞠目结舌了。来自全国全世界各种肤色的人，怀着神往，揣着敬畏，屁颠屁颠，络绎不绝。真是应了"山不在高，有仙则灵"。

笔架山，也是书上见过的，约30米高，形状的确与笔架相似。笔，自然是毛笔，狼毫之笔。如果不说山，就笔架而言，这也许是世界上最大的笔架了。唐代真正的笔架没见过，想来大概有笔的五分之一高度，也就是说，这笔架山所架之笔，有150米长。世界上有这样的大笔吗？我们说"如椽大笔"，说的是笔像椽那么大，150米的"椽"，这房子要多大呀？

杜甫的笔的确是又长又大，举世无双。

这样的大笔要写在什么地方？写在大地，写在苍穹，写在历史的长河中。

杜甫对自己的笔是有信心的，他说过：语不惊人死不休。他对自己同时代大诗人李白的评价是，"笔落惊风雨，诗成泣鬼神"。李杜齐名，他也是惊风雨，泣鬼神的啊。

可是我不喜欢读杜甫。说这话的时候，自己吓了一跳，伟大如杜甫，你居然不喜欢读，你算老几？我再问一下自己，的确不喜欢，不喜欢不能假装喜欢。为什么不喜欢？不是他写得不好，是他写得太沉重，让人喘不过气来。

鲁迅的祖父在北京做官，为周家定下规矩："初学先诵白居易诗，取其明白易晓，味淡而永。再诵陆游诗，志高词壮，且多越事。再诵苏轼诗，笔力雄健，辞足达意。再诵李白诗，思致清逸。如杜甫之艰深，韩愈之奇崛，不能学亦不必学矣。"鲁迅当初也不读杜甫。可进一步想，不对，人家讲的是启蒙，小时候不读，不等于长大之后也不读。

细想，鲁迅祖父的"艰深"说未必全面，杜诗中有艰深，也有不艰深——如"两个黄鹂鸣翠柳，一行白鹭上青天。窗含西岭千秋雪，门泊东吴万里船"。我孙子三四岁的时候就会背，而且至今不忘。764 年，安史之乱平定，杜甫的朋友严武还镇成都，他也跟着回到草堂，心情特好，把绝句写"绝"了，千古传诵。平白得很，而意境却是美到了极致。还有那首也是写于成都草堂的《茅屋为秋风所破歌》，也是千古绝唱，这也许是我认真读杜诗的开始，因为它收入 20 世纪 60 年代的中学课本。当时有点误解，以为草堂很小，其实是很大的。不是有钱，而是那个时候人少。大唐帝国疆域比现在大得多，人口却比现在少得多。葛剑雄先生在《中国人口发展史》上说，天宝十四年，也就是 755 年，全国有户8914709、口 52919309。这是根据几乎与杜甫同时代的大史学家杜佑的说法。全国才五千来万，大抵是现在四川一个省的一半。当时的剑南道，平均每平方公里才十个人，地广人稀，草堂尽管破，却很大。空间是有的。我读这诗，是 20 世纪 60 年代，我们一家七口人住 18 平方米的平房。以为杜甫和我们一样拥挤，所以对"安得广厦千万间，大庇天下寒士皆欢颜，风雨不动安如山！"大加感叹。不是一般的房子，是"广厦"，记住了。可当时心目中的"广厦"也"广"不到哪里去，我们班有一女生，家住一座独立二层楼，同学们说，你们家就是"广厦"了，她没有表示反对，而且显出十分满足的样子。

以后读杜甫，越读心情越沉重，瘦小的老病的杜甫，要把天下兴亡都放在自己的肩上，要"致君尧舜上，再使风俗醇"，实在太难为他了。

没人让他这么干，是他自己想这么干的。于是我便有点害怕，怕读多了，受他影响，和他一个样，把许多责任都揽到自己肩上。累了自己，苦了自己。

但是，不喜欢读杜甫的我，45 岁到成都杜甫草堂读杜甫，读出了凄凉。那时，我的确感到自己的渺小，我不想伟大，只想躲进清丽，把自己解脱出来。

没想到，50 岁时，我到延安，在延安杜公祠再读杜甫。同行的人被当代伟人的窑洞所吸引，无暇顾及这座在路边的小祠堂。我独自去了。我终于没有逃出沉重。我害怕，我不敢读，不忍读，我还是读了。我还是多多少少和杜甫一起沉重了。这也许就是我们这一代中国人的宿命。

杜甫的沉重是用他那支放在笔架山上的大笔写就的。他的笔，具有超强的穿透力，穿过千年时空，把沉重写在一代又一代中国人的心上。因为有了他的笔，中华民族多一份凝重，多一份深沉，多一份伟大。

笔架山，永远的，沉甸甸的，高不可及的笔架山啊！

原载《闽南日报》2008 年 10 月 13 日

倒说『枯骨自赞』

　　闲来翻书，偶读袁枚《续子不语·枯骨自赞》，云：一位姓杨的先生住在寺里，白天总是听到阶下有喃喃人语，叫其他人来听，也都听到了，"疑有鬼诉冤"，让寺里的和尚来挖，在五尺深的地方挖出一朽棺，中藏枯骨一具，此外并无他物，乃依旧掩埋。不一会儿，又听到地下人语喃喃。便请来一位德行甚高能通鬼语的禅师来听。这位禅师"伛偻于地，良久，诨曰：'不必睬他。此鬼前世作大官，好人奉承。死后无人奉承，故时时在棺材中，自称自赞耳。'众人大笑而散，土中声亦渐渐微矣"。

　　读完不禁一笑。自古对封建官吏的讽刺文字多如牛毛，而此文尤为别致，深刻而幽默。然而，如果我们把事情倒过来想，这大官似乎有点可爱，他的可爱是不做假，他"好人奉承"，喜欢听好话，既然这种喜欢不因没人说好话而改变，那就只好"自称自赞"自己给自己说好话了。

　　喜欢听好话，喜欢表扬，其实是人的天性，没有一个人天生喜欢听坏话，喜欢挨骂的。所以自古才有"忠言逆耳"之说，才有"兼听则明"

之倡。兼听，就是好话坏话一起听，一起听都很难做到，更不用说专听坏话了。听说，国外有关心理学的研究表明，经常听好话、听表扬，会让人产生怡悦之情，有益心理健康。人如是，连奶牛都这样，有实验表明，不断地给奶牛说好话表扬它能干，它的奶便哗哗地流出来，比没有听到表扬的奶牛产得多。

关于这一点，外国人似乎比我们懂得多，也懂得早，并在日常生活中付诸行动。比如，之于小孩子，他们总是以表扬为主，少有教训，父母亲经常肯定孩子的成绩，说，孩子，你真行，你是最棒的。之于女人，见了面，说，你真漂亮。而被表扬的，不管真漂亮假漂亮，年轻的还是年老的，都会高兴地说谢谢。之于男人，别人肯定和表扬虽然不及女人的多，但自己则必须肯定自己，总是说，这方面，我是行家，我能胜任。而我们的传统，说好话，特别是当面说好话，是不被提倡的。之于小孩，我们教训得多，这不是那也不是，要是当母亲或当父亲的当面表扬孩子，爷爷奶奶就说，别宠坏了孩子。之于女人，更不能当面说好话，遇见一个女士或小姐，说你真漂亮，人家一定会不好意思，脸红，会觉得你别有用心，甚至会当面给你难堪，骂你一声流氓。之于男人，你说他能干有水平是客气话，人家一定会说，惭愧、惭愧，才疏学浅，请多指教。

其实中国人也是人，与外国人无异，也喜欢听好话。但中国人的好话一般不给平凡人。中国传统强调群体意识，个体往往被忽视和虚化，没有"人"，只有"民"。而不被虚化的个体只有当权者，所以好话是专门给帝王将相听的。

话说回来，既然喜欢听好话是人的天性，有利于身心健康，给官员说好话，也是应该和可以理解的，因为他们心情好了，就能把人民群众领导得更好，"造福一方百姓"。我想，人与人之间，还是应该多说别人的好话。人家做了好事，有了成绩，就应该表扬。这是对人的尊重和肯定。对别人的好品行、好成绩，不要视而不见，更不要说三道四。老百姓之间、同事之间、亲戚朋友之间，互说好话，互相表扬，相互肯定，造成互相激励、和谐共进的气氛。

万一没人给自己说好话怎么办？没人说好话，不等于没有值得肯定的地方，可以自己给自己说好话，特别是在做了一件好事，成就了一件自己从来没有成就的事业时，自己给自己的一个表扬、一个肯定、一个激励，我真行，我是最棒的。当然，自己表扬自己的时候，最好不要出声，自己知道就行了，表扬自己是为了成就自己，让自己活得更快乐。

袁枚肯定想不到有人会倒想他的"枯骨自赞"。但我要请袁先生原谅。袁先生是大家，大家有大气，对于晚辈的胡说八道，还请一笑了之。

原载《漳州广播电视报》2009 年 9 月 22 日

向范蠡同志学习

　　这里所说的同志，不是西方的"同志"，那是同性恋的代名词，也不是孙中山先生"革命尚未成功，同志仍须努力"的"同志"，那太严肃。这里的同志，只是一种习惯性的称呼，表示亲切。

　　范蠡，何许人也？范蠡同志已经故去2500年多年，他是春秋晚期越国的大臣，《史记》上有他的事迹。

　　让我想起范蠡的是因为我到过无锡，游过渔父岛，在"蠡堤"上走了一小时，于是，这位历史人物重新走进我的视野。

　　说范蠡就得说西施，离蠡堤不远的地方有个公园，叫蠡园，听说是范蠡和西施隐居的地方。那里游客太多，没去。蠡堤没人，安静得让你的思绪如小鸟一般，自由地飞翔起来。

　　我读书太少，没有看到史书上关于范蠡与西施的记载，权威的《中国历史大辞典》范蠡条目中，对西施也只字不提。而台湾学者陈致平的《中国通史》（花城出版社，1996年版）有关章节中有这样一句话："他（指越王勾践）令大夫文种主持国政，令范蠡办理外交，范蠡又罗致了许多美女、宝物送与吴王，以腐化吴王的生活，消磨吴国的士气，那著名的西施（一称西子）就是其中美女之一。"史学家这么说，应该是有根据的，西施实有其人，至于是不是范蠡的爱人，他没说，我们就相信传说吧，因为传说很精彩，而且千百年来被广为认同。再说了，"勾践以西施为重宝取悦吴王夫差，乃可转败为胜"已进入我国经典的"36 计"之"美人计"了，不由得你不信。西施是一个适应能力很强的女人，"吴亡后，西施复归范蠡，同泛五湖而去"。杜牧诗云："西子下姑苏，一舸逐鸱夷。"鸱夷就是范蠡。大美女追男人，不远千里，车船并用地追，这在 2500多年前，有点意思，也足见范先生的魅力。

范蠡的观念比许多现代人都开放得多，把爱人送给敌人当小老婆，完成使命之后，又要了回来，而且夫唱妻随。范蠡在爱情上的潇洒，是后人乃至今人所不能企及的。那是"诗经时代"，人们恋爱自由，思想开放。那个时候，孔子学说正在形成中，到处碰壁，"惶惶如丧家之犬"，连孔老先生自己也不是很有信心，说："道不行，乘桴浮于海。"要是范蠡晚生 1500 年，不但早已"罢黜百家，独尊儒术"，而且程朱理学无孔不入。范蠡不会那么潇洒，就是范蠡想开了，人家西施也不干，犯不着顶着一个坏名声和你去打鱼，谁不想立个贞节牌坊，把名字刻在石头上。范蠡与西施的爱情，史书似无迹，故事也扑朔迷离，但人们都相信真有其事，过去信，现在信，将来也一定信。对于美好的爱情，人们宁可信其有，这是一种藏之心底的愿望，永远也抹不去。

范蠡有大志向，大才能。年轻时，他做事业很投入。他是和文种一起去为越王勾践服务的。其时，正是越国最倒霉的时候。吴越打仗，越国吃了大亏，被吴国军队围困在会稽。只好求和。求和是范蠡出的点子，文种帮助实施。他们做得很成功，他们利用吴国的贪官、腐败之太宰嚭，一方面送去大量的金钱和美女，腐化对方，消磨对方的意志；一方面卧薪尝胆，发奋图强，整治国家，使国力和军力强大起来。其间，范蠡自请与勾践一起到吴国去当三年的人质，骗取了吴王夫差的可怜与信任，为国家赢得了宝贵的喘息时间。在选择伐吴的时机，范蠡又一再劝阻勾践急于求成的情绪，选择了最好的时机，一举击败吴国。越国因此成了春秋时期的最后一个霸主。范蠡不但懂政治，而且懂军事，著有《范蠡兵法》，清人孙承泽《春明梦余录》卷四三《兵部二·营阵》上说："范蠡兵法，先用阳后用阴，尽敌阳节盈吾阴节以夺之。其曰：'设右为牝，益左为牡，早晏以顺天道，盖深于计者也。'"由此看来，《范蠡兵法》似乎包含"兵阴阳"的理论。可惜《范蠡兵法》早已淹没在历史的尘埃之中了。

范蠡功成名就，他是上将军，一人之下，万人之上。范蠡却在这个时候选择了离开。《史记》上说"范蠡遂去"4个字，一个超凡脱俗的范蠡跃然纸上。范蠡对于勾践是十分了解的，要走，就得走得利索，说走就走，连屁股都不拍一下。跑了之后，范蠡给老朋友文种写了一封信，让他也走，信上说："蜚鸟尽，良弓藏；狡兔死，走狗烹。越王为人长颈鸟喙，可与共患难，不可与共乐。子何不去？"文种没走成，只是"称病不朝"。结果被勾践逼迫，自尽而亡。

范蠡的远离，不仅仅是地域的，他真正想远离的是权势，是政治。他要的是自由，身体与心灵的自由，传说中他与西施的爱情生活，正是这种自由的体现。蠡堤上如今有一个地方，叫"恋鱼桥"，我在那里照相留念的时候，想象他们泛舟五湖，渔歌唱晚，很为他们陶醉了一阵子。

范蠡后来到定陶，"居无何，则致赀累巨万，天下称陶朱公"。陶朱公有多富？反正他成了中国穿越时空的大商人大富翁的代名词。范蠡生财有道，他更倡导"亲民济困，天下共富"的理念，分散财产，济贫扶困，所以司马迁赞颂他是"富好行其德者也"。生财有道，富而能仁，所以就有了"商圣"之美称。

想来，范蠡同志比较喜欢"舞文弄墨"，当官时写了《范蠡兵法》，做生意时，又有《陶朱公养鱼经》传世，关于这本书，《隋书·经籍志》《旧唐书·经籍志》《新唐书·艺文志》都有记载。也许，他还有许多著作，比如"生意经""致富经"什么的，这对于他是举手之劳的事——实践出真知嘛，只是史书上没记载，我们不能乱说。

用当下时髦的眼光看，范蠡是个成功人士。他还活了81岁，在人生70古来稀的古代，属高寿。可以说，人生所有的好处，他都占全了。

然而，我更相信他后来成了神仙，因为范蠡名列《列仙传》。我想，汉代刘向的《列仙传》把范蠡列入其中，是出于对范蠡人生态度的欣赏，也是当时的社会风气使然。

向范蠡同志学习，学什么？什么都学不了。金钱地位名气，智商情商才干，没有一样是常人所能望其项背的。写文章找个题目，表达一种愿望，愿自己，愿尘世间的朋友们，心向善良，积善成德，看破一点，想开一点，了然一点，让自己活得自由一点、轻松一点、快活一点、神仙一点。

原载《闽南日报》2010年12月6日

李香君

　　知道李香君这个名字很早，在戏里。大约是 50 年前吧，那个时候漳州芗剧团演《桃花扇》，记得因为服装问题，剧团还费了一些心神，剧团的服装是明朝的，而故事发生在明清之际，得花钱做点清朝的服装。

　　后来知道，李香君不但在戏里，还生活在几百年前的现实中，她并非只是一个艺术形象，而是我们常说的"历史人物"。民国时期出版的《中国娼妓史》（王书奴编著，上海三联书店 1988 年 2 月再版），在"明代中叶以后之娼妓"一节中，有李香君的事迹。而《桃花扇》则几乎是在真人真事的基础上创作的名剧，"写兴亡之感，实事实人，有凭有据"，连一些细节都是真实的。

　　李香君一直是我心目中的英雄。英雄有各种各样，比如岳飞，比如张自忠，比如黄继光，比如项小米《英雄无语》中的爷爷，等等。李香君也是一种。

　　我没想到的是，我会在李香君的故居隔壁的隔壁住了四天，也就是说，如果时光倒退 370 年，我和李香君做了四天的邻居。

我到南京旅游,住"汉庭连锁酒店"南京夫子庙店,酒店的隔壁是一家名为"老张兴"的点心店,卖南京到处可见的"鸭血粉汤",再过去就是"李香君故居陈列馆"。

开头我有点不相信。当下各地为了吸引游客,造出许多景点,这不会是造的吧。李香君故居大门上的对联有点意思,"花容并玉色,侠骨共冰心",但门口冷冷清清。门票一张20元,售票小姐看我在门口探望,极力鼓动我进去看看,说这是真正的故居,几百年前,李香君真住在这里,后面就是秦淮河,还有假?我还是犹豫着。这时,来了一位老者,由他的女儿陪同,这位老先生85岁,20世纪50年代在南京读大学,故地重游,他说,这是李香君故居,他读书时来过,只是当时这门口没有这么多楼房,街面也没有这么热闹。我于是买票和妻子一起进去。

进去之后发现,这果真是李香君的故居,因为墙上挂着前任国家主要领导人在这里参观的照片。有一对古香古色的椅子还标明,是国家领导人坐过的。馆内十分清静,加上我们,也就五六个人的样子,我们在国家领导人休息过的地方拍了一张照片。

李香君故居过去叫"媚香楼",坐落在秦淮河边的石坝街上。再过去200米左右,就是著名的乌衣巷。乌衣巷辉煌的时代早已过去,因为从东晋到中唐,王谢堂前燕,早已飞入寻常百姓家了,再过几百年到了明末,这里已经成了章台路青楼地。而我们现在所能看到的,只有一口井,据说是王导、谢安时代的古井,其他的早已荡然无存。

媚香楼比想象中要小得多,楼上楼下,就那么几个小房间,不知当时李香君是怎么搞的"派对",容得下那么多文人雅士。楼下的天井不大,有李香君的塑像,想来当初的院子一定不会太小,只是前面临街的地方被占用了。通往秦淮河的后门锁着，从楼上的走廊往下看，可以看到一个小小"码头"，正规的名称应该叫"水门"，往来的船只，可以从那伸进水里的台阶走上媚香楼。当初，侯朝宗等复社名人无数次地踩过那些湿漉漉的石阶，而李香君则无数次地站在门前微笑地迎来送往。前门车马，后门舟船，高朋满座，莺歌燕舞。听说李香君的昆曲唱得很不错。她尤喜岳飞的《满江红》，一曲《满江红》唱得在座的文化精英们热血沸腾。楼上的走廊挂着一个鸟笼子，一只八哥反复地叫"来啦，请喝茶"。我们感到新鲜，逗着八哥玩了一会儿。坐在走廊里，看秦淮河上的画舫，看窗外那面在风中飘动的写着"香君茶社"小黄旗。恍惚间进入时间隧道，回到风雨飘摇的金陵城，回到南明笙歌袅袅的秦淮青楼。

我定了定神，想起门口那副对联，"花容并玉质，侠骨共冰心"。其实，李香君在秦淮八艳中，论姿色不如顾横波、陈圆圆那样艳丽妩媚，论诗词书画也没有马湘兰、柳如是那样才华横溢。但她的知名度却远在群芳之上，为什么？"侠骨共冰心"。侠骨者，蔑视权贵、忠君爱国也；冰心者，淡泊名利、坚贞爱情也。

历史是一个过程，从今天的角度看，有许多事情让人很尴尬。李香君爱的国是大明王朝。我们不能因为清王朝对中国历史的贡献而否定李香君的爱。我们的民族是讲究气节的。爱国主义精神是永存的。李香君气节高尚，巾帼不让须眉，这正是我崇敬她的理由。

说实在的，在李香君故居拍照时，在说李香君的好话时，我心里多少有一点别扭，有一点心理障碍，因为李香君既不是名门闺秀也不是劳动妇女，是娼妓，进了中国娼妓史的名妓。妓女如今也叫"小姐"，高贵的小姐之称沦为娼妓的代名词，并与腐败深深结缘，是我们这个时代的一个不大不小的痼疾。然而，"娼"与"妓"这两个字本作"倡"和"伎"，是指有歌舞技巧的人。古代倡优不分，男女兼有，后来才集中到女性身上。有一位叫蕾伊·唐娜希尔的外国人说："道德意识深厚的中国丈夫仍然经常出入妓院，但醉翁之意不在酒，他们去妓院的重要目的并非为了性交，而是为了获得松弛和宁静，享受美酒佳肴、音乐歌舞，如果需要的话才在那里'过夜'。"在众多解释中国娼妓现象中，这种说法有点意思。娼妓之于中国，几千年延绵不绝，文人写妓女和妓女写诗文屡见于历朝历代，扬州瘦马，秦淮粉黛……青楼文化成了人们常常提起的字眼。这是一种值得注意的文化现象。漳州人林语堂先生在《中国人》一书中说："妓女在中国的爱情、文学、音乐、政治等方面的重要性，是怎么强调都不会过分的。"生性平和的林语堂先生说了这样的过头话，我想不会没有依据。就文学与爱情而言，的确不乏与娼妓相联的名字，唐代娼妓与诗、宋代娼妓与词，都结下不解之缘。《中国娼妓史》有关章节出现的名字，比如杜牧、白居易、元稹、苏东坡、黄庭坚、秦观、柳永……，这些名字无一不在中国文学史上出现过。《唐才子传》中有这样的一位才女，她和李香君同姓李，叫李季兰，生活于天宝年间。她虽然被称为"风情女子"，但她的诗实在写得好，有一首《明月夜留别》："离人无语月无声，明月有光人有情。别后相思人似月，云间水上到层城。"让人过目不忘。难怪大诗人刘长卿说她的诗"置之大历十才子之中，不复可辨"。

古代娼妓大都有点"文化"，琴棋书画都来一点，写诗填词是平常事，李香君亦然。她的诗文虽然不十分出色，但和别的青楼女子相比，更显"香魂玉骨，义胆侠肠"的气质。1642年，抗清名将袁崇焕蒙冤惨死北京，十四岁的李香君写下了这样的一首："悲愤填怀读指南，精忠无计表沉冤。伤心数百年前事，忍教辽东血更斑。"袁崇焕是个悲剧，之于他本人，之于崇祯皇帝，之于大明王朝都是。李香君的这首诗在南京广为流传，得到当时的知识精英复社领袖张溥、夏允彝的称赞，也为她日后的爱情奠定了基础。据说，侯朝宗正是事先读过她的诗，看中她的才华才同意与她接触的。侯李的爱情故事，是青楼史上最感天动地的情节之一，有一篇《李香君在南都后宫私寄侯公子书》，读来荡气回肠："……由甲申迄乙酉，此数月中，烽烟蔽日，鼙鼓震空。南都君臣，遭此奇变，意必存子胥哭楚之心，子房复韩之志，卧薪尝胆，敌忾同仇。不谓正位以后，马入阁，阮巡江，虎狼杂进，猫鼠同眠。翻三朝之旧案，党祸重兴；投一网于诸贤，蔓抄殆遍。而妾以《却奁》凤恨，几蹈飞灾……嗟嗟，天子无愁，相臣有度，此妾言之而伤心，公子闻之而疾首也……妾之志固如玉玦，未卜公子之志，能似金钿否也？"这不仅仅是情书，这是一篇个人与社会同浩叹之作，胸襟宽广，慧心洞察，情真意切，婉转动人，韵味无穷。

结识侯朝宗，李香君本来可以有一个美好归宿。可是，时代不给她幸福。她的爱情终成悲剧，并因《桃花扇》"借离合之情，写兴亡之叹"而成了短命的南明王朝经久不息的咏叹调。

李香君早已远离我们而去，人们对她的兴趣也在悄然减退。作为旅游热点的南京夫子庙，几乎天天人山人海，中国人、外国人、男人女人接踵比肩，络绎不绝，而坐落在夫子庙闹市之中的李香君故居却几乎无人光顾，门可罗雀。

和李香君相邻的那几天，我天天从李香君故居门前走过，走着走着，便生出一些感叹。是啊，国家安定，经济繁荣，人称盛世。盛世喜唱赞歌，人们很难有兴亡之叹。然而我想，孔尚任写《桃花扇》，数易其稿，写了十几年，最后在康熙三十八年（1699 年）脱稿，正是在所谓"康乾盛世"。孔尚任"借离合之情，写兴亡之叹"，叹在何处？南明的灭亡，亡于外敌，更亡于它自身的腐败。

也许，这正是李香君和《桃花扇》之于我们今天的价值。

当初《桃花扇》上演，轰动北京。用孔尚任的话说，"长安之演《桃花扇》者，岁无虚日，独寄园一度，最为繁盛。名公巨卿，墨客骚人，骈集者座不容膝"。对比当时粉丝们的狂热，看看今天游客对李香君的冷落，不禁嘘唏。

原载《闽南风》2010 年第 12 期

东林书院随想

我到无锡东林书院是下午三点。

坐落闹市的东林书院门可罗雀。我以为不要门票，刚走进大门就有人跑出来说，要买票的，我于是返身去买票。

东林书院始建于北宋政和元年（1111 年），而让后人经常提起东林书院的是因为明朝的东林党。古人对"党"字没有好感，有"君子不党"的古训。然而我想，东林党还是比较"君子"的一个"党"。

东林党的主要对手是魏忠贤的阉党。一个是知识分子成群的"在野党"（虽有当官的，不掌实权），一个是权倾朝野的"执政党"。那个时候，大明王朝正在轰轰烈烈走向灭亡，为什么叫轰轰烈烈？从上到下腐败争先恐后。灯红酒绿，醉生梦死，不是真死，是奢靡者临终的快乐叫喊。只有少数知识分子比较清醒，他们有文化会思考，透视实情。他们实在看不过去了，为王朝的命运担心，就站出来说话，发议论，和当权者过不去，让他们的腐朽生活过得不安稳、不舒坦。

我有时想，这东林党胆子也够大的，活得不耐烦了。又想，他们仿佛还有点"言论自由"，再想，不对啊，明王朝高度专制，皇权高度集中，前所未有，连宰相制度都废除了，还设了"东厂"，特务无所不在。怎么就容得东林党如此嚣张？以学术研究为名，定期开会，聚众鼓噪，散布"不法"言论？

有学者称，明代读书人言论相当自由（除明初文字狱外），盛行讲学集会结社之风，在东林党和"甲申之变"时，许多读书人都能表现出一种独立的人格，和成仁取义的殉节精神。又说，这些读书人的生活是放荡不羁的，他们风流自赏，而又恃才傲物。还举了唐伯虎、冒辟疆、侯朝宗为例子加以说明。也就是说，明代知识分子享受着相当程度上的"自由"——从思想言论到生活作风，从精神到肉体都是自由的。

奇了怪了，这"自由"从哪里来？

我的脑子里突然跳出"资本主义"这个词。我们读历史，知道中国资本主义萌芽始于明代。封建经济的烂熟，在另一个层面上促进了手工业的发展，促进了都市的快速发展。经济活动日益活跃。货币广泛使用，商品地位提高。这是一个巨大无比的磁场，不但把退休了的各级官员，把乡村地主老财吸引到城市，还把大量破产了的农民吸引到都市。都市人口持续膨胀，市民阶层不断壮大。明中叶之后，小市民有点气候。人们活路多了，不用一棵树上吊死，商业、手工业、建筑业、运输业、炼铁、纺织、制盐、制瓷、印刷、造船……还有花样百出的"第三产业"。离开体制不仅能活下来，还能活得很滋润。经济基础决定上层建筑。人们的思想随之活泛起来，说话的胆子不知不觉当中大了起来。

朝廷虽有"东厂"，鹰犬遍地，但毕竟人数太多，法不治众，无可奈何。与此同时，都市文化迅速发展。戏剧、散曲、说书等庶民文化成为都市一道亮丽的风景。庶民文化的迅速传播，是"异端邪说"最好的催化剂。"在野"的读书人在这样的都市中如鱼得水。资本主义，哪怕是"萌芽"也是一个相当诱人的世界。春风浩荡，万物更生。人心蠢蠢欲动。面对芸芸众生无所不在的不安分的心灵，任何专制手段都显得苍白无力。

也许，正是这样的背景下，"自由"这个新生儿，有了呼吸与舒展的空间。

东林党那些喜欢发议论的读书人是很幸运的。他们不但可以发表议论攻击朝政，还有人喜欢听，有人鼓掌。他们得民心是因为他们忧国忧民。东林老大顾宪成所撰写的那幅名联："风声雨声读书声，声声入耳；家事国事天下事，事事关心"几乎是他们的内心独白。这样的独白使他们赢得人心，并流传至今。时隔数百年，当我在书院看到这副对联时，我的心再次为之怦然而动。不为别的，哪怕仅仅因为这一副对联，老百姓也会把他们从腐败的污泥中分离出来。

忧国忧民是中国知识分子的优良传统，也是体制内知识分子千年不变的呻吟。封建体制内的知识分子，再忧再愁，也跳不出体制。他们的最高境界就是"居庙堂之高，则忧其民；处江湖之远，则忧其君"。就是"先天下之忧而忧，后天下之乐而乐"。他们只有走"学而优则仕"之路，先当官，再用手中的权力替老百姓做点事，把心中的"忧"化为行动——"达则兼济天下"。弄得不好，当不成官，那就"穷则独善其身"，找一个风景优美的地方，学一下陶渊明，"采菊东篱下，幽然见南山"。东林

147

党的活法是第三种活法，这种活法有点创新，似乎与"现代生活"比较接近。

原载《闽南风》2011 年 3 月号

漳浦人蓝鼎元生活在"康乾盛世"前期，他的最高职位是正厅级——广州知府，但他在广州知府任上只干了一个月就去世了，之前，他是个处级干部，知县（前知普宁、后知潮阳）。以这么小的官有那么大的名气，甚至《清史稿》列传，成为有清几百名人之一。我想与他的学问有关，他参加编写《大清一统志》，之后又经相国引荐，向雍正皇帝提出经理台湾、河漕兼资海运等六条建议，受到皇帝"嘉纳"，遂受普宁知县，雍正皇帝还夸他，说："朕观此人，使用做道府，亦绰然有余。"

作为政治家和学者的蓝鼎元已有公论，而作为散文家，蓝鼎元也是当之无愧的。读完《鹿洲初集》"记"中的十九篇散文和《临漳台赋》，我以为蓝鼎元散文具有如下特色。

直面人生，有感而发，这是其一。

在儒家文化传统的氛围中，蓝鼎元从小就立志为国为民做一番事业，"三万六千日，不过如隙驹。……惟事业在天地之间可以不敝。不思建树事业者，愚人也"。然而，"建树事业"，谈何容易！对于出身贫寒而又地处偏远的蓝鼎元尤为艰难。蓝氏幼年失父，依靠寡母做女红度日，生活困苦，虽力学而博具才华，却一直到41岁随族兄蓝廷珍平台，作《平台纪略》之后，才"以优贡被选入京"。42岁入仕途，正当他满怀热忱地为国为民做一番事业时，却因忤逆上司，遭诬陷失官，"建树事业"的宏愿又成了泡影。这种志向与现实的尖锐矛盾，这种欲望的不能满足，便化为一种苦闷，一种潜在的精神压抑。这对于一般文人说来，或许很快就变成惆怅溢于言表，得到宣泄。而对于"利不能动，势不能夺"的执着的蓝鼎元来说，大部分化为继续努力的决心，所谓"天下无不可为之事，唯心坚力韧"甚至于"置身家性命于度外"。这种执着的追求精神把惆怅淹没了。但淹没不等于消逝，必然会以某种形式曲折地泄露出来，只是他不自觉而已。人生多变，而蓝鼎元的志向秉性不变，以其爱国爱民之心、刚正不阿之性，面对多变之人生、社会、世人、景物有感而发，是为散文。用蓝鼎元自己的话说，"君子不贵无益之笔墨，不为无用之文词"。他的散文，是心血凝成的人生感叹。《盘陀宜城记》《高叟洞可堂记》《陈玉山图记》《怪尹记》等篇散文中，蓝鼎元曲折地表达了这种感叹。

蓝鼎元散文的第二个特色是：至真至诚，万物生怜。

情感是文学创作的生命。清人刘熙载在《艺概》中说："作者因情而生文，读者因文而生情。"我在蓝鼎元的散文中，的确感受到作者那真挚而炽热的感情。对国忠，对民爱，对友信等，是儒家文化传统的道德准则、士大夫的为人之道。而蓝鼎元则贵在其真。作者在《同仁规约》中曾说过："作圣之功，以存诚为第一事"。何为"诚"？"常怀不敢欺己，不敢欺人之意耳！"一是内心的真诚，"不敢欺己"；二是待人的真诚，"不敢欺人"。内外皆真，内外皆诚，真的纯净，诚的透明。以真生情，万物生灵。所以，他的散文一字一句，"皆沛然从肺腑中流出"。《游武夷山记》中，我们在作者对"圣人在上，宇宙肃清，山川木石加倍妍秀"的颂扬的同时，感受到他对人民安居乐业的由衷的喜悦之情。政通人和，百姓安居乐业，这正是作者梦寐以求的理想。作者的感情由此延伸，设身处地为百姓想想，假使在不太平的日子里，在"海宇未靖之时"，那么，奇山秀水，幽涧深洞便不是游玩的胜地，而是"避乱胜概"了。人们逃到这里，就不是为了寻奇览胜，而是为了逃命，"惟恐见获，何暇寻奇问胜？"一方面对皇帝的忠诚，一方面对百姓的挚爱，这是造成蓝鼎元内心痛苦的原因。然而，这种爱，却是相当可爱的。

如果说《游武夷山记》中，作者对黎民百姓的真挚之情还表现得比较曲折含蓄的话，在《棉阳书院碑记》《重修潮邑义学碑记》《惠阳书院碑记》等文中，就表现得更加直接和充分。蓝鼎元曾在给雍正皇帝的奏疏中这样表白过："苟可有裨益吏治民生，关系世道人心之要任劳任怨，臣皆所不恤也。知县一官，有父母斯民之责，当有至诚实意与小民痛痒相关。所谓爱百姓如子，处民事如家事者。臣必先正己率属使丞尉共勉。"蓝鼎元是真诚的，他如是说，也如是行。在知普宁等县时，整顿吏治，痛击豪强，捕捉盗贼，端正民风，破除迷信，兴办教育，鞠躬尽瘁。在"关系世道人心之要"上更是"任劳任怨"，得到百姓的拥戴。他对百姓爱之深，情之切，教之严，甚至到了恨铁不成钢的地步，"教化不兴，使吾民泯泯棼棼以至此"！为百姓的不觉悟而痛心，真诚地检讨自己，以为是"官斯土者之咎"，感到"皇然内惭"，并采取果断措施，破除迷信，兴办书院，真诚地希望通过教育，使他所治下之邑，"邪说

151

息，诐行消，人心正，风移俗易，礼乐可兴"，使天下从根本上得到治理。这种对黎民百姓的爱，是广博之爱、深沉之爱、真挚之爱。他的治理是爱的行动，他的政绩是爱的证明，他的散文，是爱的流露。在《七贤图记》《陈玉山画记》等篇散文中，蓝鼎元表现出对朋友难能可贵的真情。这些散文，文笔亲切，记叙生动，细节感人。

蓝鼎元散文的第三个特色是：想象丰富，意境高远。

黑格尔指出："最杰出的艺术本领就是想象。"作为政治家和学者，蓝鼎元有其务实精神和严谨态度；作为散文家，蓝的艺术想象却表现得相当突出。

在《高叟洞可堂记》中，作者以其生动的想象力，在一个"处万山之麓，三面峻峭"的高叟洞中，为我们描绘出一幅充满生活情趣的退隐生活的画面。在《盘陀宜城记》中，作者为我们展示一幅"东南一大都会。"的繁荣都市图。而《饿乡记》的想象就更加奇妙了，几乎为我们创造一个横绝天地、纵贯古今的理想世界。在这个世界里，"圣贤豪杰，孝子忠臣，高人义士，辱亲敝乡，迎之致敬，无敢失礼。其为贱隶鄙夫，亟扑杀之里门外；至于富贵庸人，亡命至止，亟遣之去，无辱唇齿"。这"饿乡"，至圣先师孔子来过，他的学生曾子、子思来过，以兄食禄万钟为不义、弃楚相而不就、宁愿为人浇园的齐人陈仲子来过，汉朝名将周亚夫来过，那个富甲天下的邓通来过，连那个糊涂皇帝梁武帝也来过……只是受到不同的接待而已。当然，作者蓝鼎元也来过，而唐朝的韩愈、宋朝的吕蒙正、范仲淹等人，却是"周旋去来任意者"，是受到欢迎的常客。而"饿乡"的主人，就是那著名的有志气的伯夷叔齐。有没有这样一个地方呢？当然没有。但是，你又不得不相信它有。因为我们很难在作者引人入胜的记叙和生动有趣的细节面前对这活灵活现的理想王国表示怀疑。同时，由于想象的奇绝，使"饿乡"充满着象征意味，发人深思。在这个意义上来说，"饿乡"与"桃花源"具有同样永久的艺术价值。

蓝鼎元的艺术想象，感情是相当投入的。我们仿佛可见一个纯洁的灵魂，在人间的上空飞翔，诚如作者在《临漳台赋》所云："余独立台上兮，忽超然而徜徉。"带着浓烈感情的想象；是不能自已的，所以，行文飘逸、清丽，意境高远。"视千峰之俯伏兮，神欣欣而乐康；疑日月之可接兮，羌举首以昂藏。望鲲鹏于北海兮，振凤凰于高岗。睹万家之烟火兮，喜桑麻之青苍。但觉耕食凿饮，群黎之皞皞兮，孰辨夫尧台与临漳？"这样的文字，这样的意境，使我们想起范仲淹的《岳阳楼记》，想起王勃的《滕王阁序》，难怪同是漳州人的现代作家林语堂深爱此赋，有人说，"语堂异日之得以驰骋文坛。得力于该赋不鲜"。

同时，蓝鼎元的散文，语言清新，朴实自然，细节生动，富于生活情趣。记人记事，吟景咏物，如说家常，如诉心曲，美在其中。

蓝鼎元在《棉阳学准·闲存录》中说："凡作诗文，必有情、有理、有气，三者缺一不可也。"我以为，蓝鼎元的散文基本上实践了他自己的这一文学主张。情、理、气三位一体。情，是他的爱，爱国爱民爱生命爱自然；理，是浸没在他言行中的儒家思想；而气，则是由一种至诚至真所建构而成的态势，如大河流水，高天行风，一气呵成，浑然一体。而这一切，似乎又依稀透露着一种无可奈何的情绪，给人沉重之感。

蓝鼎元生活的时代，是小说、戏剧大出风头的时代，出了《聊斋志异》《长生殿》《桃花扇》，而散文、诗歌则逊色得多。蓝鼎元是作为政治家和学者称著于世的，而他的散文放在当时的文坛上看，也是颇具风采的。写人记事，可以与方苞的《左忠毅公逸事》《狱中杂记》相比美，记游写景则不在姚鼐《登泰山记》之下。

当然，作为散文家，蓝鼎元也并非完美无瑕。过于强烈的社会责任感和儒家道德意识，制约了他感情和想象力的充分展示，有时行文显得拘谨，有时急于说理，如《除庭草记》，理虽深刻，但从审美角度看，未免给人以沉闷之感。

作为散文家，蓝鼎元是一个痛苦的、真诚的、优美的行吟者。

原载《闽南日报》2011 年 7 月 12 日

　　小时候到东桥亭玩，最喜欢站在天井透窗的栏杆边，看从脚下驶过的小船。东桥亭是漳州市内的一座观音庙，盖在宋代的壕沟上。男人或女人，乌黑的头发对着我的眼睛，撑着竹竿划着腿，船便轻轻地从我的眼底滑过。儿时的早晨，小船把蔬菜瓜果送进城；傍晚，把城里的粪便运出城，城里城外，水陆相通。

　　地处九龙江北溪与西溪之间的漳州原来是一座水城，我们从清代《漳州府志》的地图看到，水从西闸口进城，经西桥亭北上，过观桥亭、硕仁桥，绕一圈，穿过北桥亭南下，至东铺，经东桥亭，从东闸口出城。如今我们从一些老地名依然可以感觉到城内水系的发达，比如"渔头庙"，这是一个古代的渔码头。而这地方离中山公园直线距离不到三百米，人来车往，找不到一点水的足迹。

　　随着城市的扩大，城里的水一步步地退却，退回九龙江。1960年6月9日那场百年不遇的特大洪水，把平和的漳州人吓着了。13岁的我看着洪水从水沟里不停地往外冒，涌向院子，漫入街道，兴奋而惊慌。

过后，人们加固闸门，并在江边筑起高高长长的防洪堤。从此，水被隔绝在城外，锁在江里。

九龙江水在堤外逡巡、徘徊、流连了几十年，我想，她一定为当年的肆虐而忏悔，她失去了与漳州人亲和的机会。

时光不知不觉中进入21世纪。21世纪的漳州城变得很大。在一个风和日丽的上午，退休了的我骑自行车闲逛，从西洋坪到吉马家具城，居然用了三个小时，街道宽畅，高楼林立。花园、广场、小区，树木、花圃，草地。听说，现在漳州城区面积是改革前的十倍。有一天，我听说屹立江边四十年的防洪堤要拆除了，连忙带着照相机跑到江边，消息慢半拍，拆除工作已经展开，对着挖掘机抢拍几个镜头，镶入心中的些许沧桑。

而今的九龙江畔，十里江滨公园，把江水与市民亲密相连。每当夜幕降临，人们结伴而来，男男女女、老老少少；聊天的，嬉戏的，唱歌的，跳舞的，打太极拳的，散步的，谈恋爱的。少女的婀娜与老人的休闲，各成风景，各领风骚，书写着盛世气象。灯在江面摇曳，风在水上荡漾。闽南之风，季季迷人，春的温柔、夏的潇洒、秋的清爽、冬的阴凉，无不适人于身。宜人以情。青山默默地站立在水边，看江水轻轻地涌向柔软的沙滩，泛着白光，叹息着、赞美着、陶醉着。

一个宏大的工程悄然展开，连接江滨公园的森林公园，郊野公园，湿地公园从圆山脚下到西溪大桥，延绵数十公里；沟通九龙江北溪与西溪的水系，三湘江、浦头港、九十九湾、西湖东湖、碧湖生态园……水带着绿色，带着生机，带着朝气，带着不尽的活力与温柔，正在一步步地回到这座千年古城。

一座座跨江大桥如长虹横贯南北，九龙江穿城而过，奔腾不息。静默的丹霞山与紫芝山见证了她无穷的生命力。水把漳州带向大海，带向更广阔的天地。

早在四百年前，九龙江出海口的漳州港（月港）就与世界大航海时代相连，月港—吕宋—美洲间太平洋航线的接通，曾经使漳州成为世界性的都市。而今天的漳州，乘着改革开放的东风，正在打造海洋经济强市，漳州港的迅速崛起，让漳州人再次领略 21 世纪的大海风光。

逝去的是原始的田园景色，到来的是开放的自然和谐——田园都市、生态之城。也许明年，也许后年，在将来的某一个日子，年近古稀的我，闲倚东桥亭天井的栏杆，回顾童年时光。游艇从眼底驶过，对着我的不仅有乌黑的头发，还有暗红的、栗色的、金黄的头发，惊讶与欢喜，飘逸与精彩从北溪穿过城区，越过碧湖生态园，飞向西溪悠蓝的天空……

水的回归意味着古城的飞跃。水的回归圆了漳州人千年的梦想。水在漳州话中还有另一个意思，就是漂亮，说女孩子"水叮当"就是说女孩子非常漂亮，漂亮得叮当响。叮当，不正是流水欢快的声音吗？

原载《人民日报》2012 年 8 月 16 日

黄道周 与洪承畴

黄道周的就义在南明隆武皇帝遇害之前五个月，他是被他的老乡洪承畴处死的。

关于黄道周的牺牲，清人李光地在《榕村语录》中有一段生动感人的记载。李光地是我们的闽南老乡，生活在离黄道周不远的时代，他和黄道周一样，是大学者，对《易经》有独到的研究。

李光地虽然身为清朝大学士，却对黄道周充满敬意：黄石斋就擒时，门人多相随，石斋一再辞之……众乃泣别，惟七人愿从……是时遭逢仁恕，令前代遗臣梗不服者，得请方行刑，毋许毒杀。由是石斋师徒皆下狱以待。石斋入狱即绝粒，大帅忧其蚤毙也，百方进食饮，皆不顾。乃募漳人之贾于江宁者，至狱以乡情相慰藉……众皆喜诺，遂三爵，更一肆，则又三爵，以此，阅数日不至于毙。及就义之晨二官入谒，拜如仪，曰："为公送喜。"石斋曰："吾国破君亡。何喜之有？"二官曰："已得请，许公就义矣。"石斋笑曰："是诚可喜，但汝辈安能解此？"因历数二官之家世阀阅也，而呵其罪。二官皆浃背趋去，不敢仰视。顷之，石斋乘小车出，七人从。中途，石斋返顾后车，七人者皆无人色，石斋笑曰："怖乎？毋庸，忍一刻即千秋矣。"七人皆应曰："然。"比至西华门，石斋忽坠车下。一指挥趋进掖之，且慰曰："毋恐。"石斋瞋目叱之曰："是何言欤！天下岂有畏死黄道周哉！此地为辇路所经，吾不可以乘而过，因绝食足弱，下而致仆，吾何恐哉！"指挥愕然易容，因跪曰："此地万人瞻仰，公又困惫，即就大事可乎？"石斋四顾曰："善。"遂命布席，南向拜讫，一老仆请以数字贻家，石斋踌躇曰："无可言者。"固请，乃裂衣襟，啮指血，书曰："纲常万古，节义千秋。天地知我，家人无忧。"七人者亦血书一幅，云："师存与存，师亡与亡。"石斋体故昂藏，立而受刑，又义风凛凛，行刑者手栗，刀下不殊。行刑者大悸，急跪曰："公坐。"石斋颈已中刃，血淋漓，犹额之曰："可。"乃坐而受刑焉。

李光地是高手，黄道周最后的光辉跃然纸上，显得亲切、有人情味，不是一个死死板板的正人君子。短短几百个方块字，黄道周精、气、神，无一不在。

《漳浦县志·人物传·黄道周》云，"三月五日，骑拥过西华门，坐不起，曰，'此与高皇帝陵寝近，可死！'监刑者从之。"这里明确了黄道周就义的时间地点，且与黄道周之前的梦开国皇帝朱元璋相呼应，再次表明他效忠明王朝的决心。可视为《榕村语录》说的补充。

1646 年农历三月初五的南京，天光为黄道周变色，山川为黄道周动容——"是日也，留都昼晦"。"都人争举李膺幡"，人山人海，人海人山，无数南京人见证了黄道周的伟大。

生与死是一个永远的话题。这话题自从太史公司马迁在《报任少卿书》提出"人固有一死，或重于泰山，或轻于鸿毛，用之所趋异也"。之后，便成为一个严肃的人生意义的话题。一千五百年后，黄道周再次用他的不屈之躯诠释了"重于泰山"，书写一曲永远的悲壮。

李光地为我们留下一个很好的文本。这个李光地与漳州的关联还不止这些，他的门生蔡世远，蔡世远的祖父蔡而煜是黄道周的门生。蔡世远和从侄蔡新，分别是乾隆皇帝和嘉庆皇帝的老师，在经学方面都有很深的造诣，具有全国影响，继黄道周之后，开创漳州文化的第二次辉煌。

但是，李光地似乎漏掉一个环节——洪承畴劝降。也许事关老乡和前辈，李光地手下留情。我进而想，毕竟时代已经变了，改朝换代了，李光地毕竟是新朝的新贵，文渊阁大学士，他对黄道周的敬仰是有底线的，那就是不能有背于新朝，正是这样的基本立场，他道出了一些基本的事实：一是，当初清朝为了笼络明朝遗臣，曾下令不能滥杀被捕的明朝大臣，即所谓"是时遭逢仁恕，令前代遗臣梗不服者，得请方行刑，毋许毒杀"。这是黄道周不被立即处死的前提，二是"大帅"的照顾。大帅是对洪承畴的尊称。洪承畴时任清朝江南总督，驻南京。洪承畴对黄道周的优待是黄道周被捕之后还能有人随侍，在押解路上和狱中写诗写信写文章的原因。洪承畴对黄道周的照顾，也许出自几个原因：一是是老乡又曾同朝为过官，念情；二是对自己的变节心有愧疚，对黄道周的为人心怀敬意；三是如果能劝降黄道周，也是他对新朝再立新功。照顾说到底是为了劝降，"时统兵大帅日夜遣客往劝降良切，故独宽其桎梏，加以礼貌，使得从容赋诗作字围棋如平时"。

劝降碰壁，是很没有面子的事。所以，李光地不提。

李光地不提，别人却反复地提，而且有点津津有味的样子。

洪思《黄子传》："……未死前，常闭口不食十四日，不死，乃复进水浆。为诗可数百首。有乞字者，辄书《孝经》三二本予之。时统兵大帅日夜遣客往劝降良切……如是者三阅月，而先生卒不夺也。"

黄道周被执之初即有自杀之念，后来在门人劝阻下放弃，"辅臣即欲自尽，门人赵士超解劝云：'此去金陵不远，倘得面数贼臣误国及君之罪，魂依傍孝陵，死亦未晚。'辅臣然之，遂行……"第二次是正月十五在徽州看到国破如此，而老百姓却戏灯如常，而且玩到敌人的帐中，"世事不竞，遂使人心至此，为之泪下！"大明子民对于亡国如此麻木，实在让黄道周有点绝望，所以他再次绝食以求一死。这次绝食十几天，从押解的路上一直到南京，是什么原因让他"复进水浆"呢？我想是因为洪承畴。洪承畴的出现，让他产生了与之斗争的念头，要斗争就得有力气，就得吃饭。

洪承畴，字亨九，南安人，他的家乡离黄道周的出生地直线距离不超过三百里，讲的也是闽南话。洪承畴比黄道周小七岁，23岁［万历四十四年（1616年）］举进士。崇祯元年（1628年）开始他的军事生涯。"崇祯二年（1629年），流贼王左挂掠宜州城堡，承畴剿之，俘斩三百余人，贼遁去。"从此不断升迁，历延绥巡抚、陕西三边总督、兵部尚书兼督河南、山西、陕西、四川、湖广军务，俘杀闯王高迎祥于盩屋，又败李自成于潼关。所以深得崇祯皇帝的赏识，与杨嗣昌同为崇祯帝的股肱之臣。岁月艰难，军事人才得到重视，太平时期才是文人的世界。

洪承畴当初松山兵败被清人所执，开明朝重臣降清之先河，不但让明朝君臣伤透了心，而且因为信息有误，还闹了一场大误会，大伤明朝君臣的面子。那边洪承畴已经投降，这边以为他殉国，崇祯皇帝亲自出面祭奠他为他立祠表功。从里到外的伤害，简直让明朝君臣喘不过气来。所以，黄道周一定要当面羞辱这个不知羞耻的叛徒，为明朝君臣出一口恶气。这与他第一次放弃自杀的想法是一脉相承的。

明计六奇《明季南略》的说法是，降清将领张天禄引兵徽州，黄道周想去招他抗清，反而被他抓住，押解到南京，关入内院。"及入见，公问内院姓氏，左右曰洪承畴，公大骂曰：'吾福建洪承畴昔年已死节，先帝曾赐祭葬，立祠京师，他是忠臣，岂有如此不肖者？断必假冒！'"

这明显是指着葫芦骂瓢，对着和尚骂秃驴，洪承畴哪有脸面再见？

明林涵春《节义文章》："时大帅经略（指洪承畴），辅臣（指黄道周）同年友也，且属同乡，仰德业清望，援共事解释，夜半微服称名过招，先生愕然大恸曰：'吾友以死封疆，烈皇帝诏太官太牢九坛祭忠魂。人耶？鬼耶？何物鼠辈窃姓字玷污清名！'其人惭退。"

这种说法比上一种说法更有幽默感，增加了黄道周形象的立体性。一个大义凛然而又机智幽默的黄道周让我喜欢。

特定情境下的幽默，是一种大气，一种视死如归，一种对敌人的不屑与轻蔑。我们在黄道周的这种幽默中，感受到他那深邃的目光和超然的态度。

我进而又想，在异乡南京的一个安静的夜晚，两个闽南老乡的私下对话，他们讲的是闽南话还是北京官话？想象中，微服的洪承畴应该讲的是闽南话，因为他的目的是劝降，悄悄地说着闽南话，显得亲切，乡音乡情，有利于拉近两人的距离，便于沟通，便于做他的"个别思想政治工作"。而黄道周讲的是北京官话，讲官话是为了推开他们之间的距离，表明自己的严正立场，不给对方以侥幸。而且"愕然从恸"，故作又吃惊又悲伤的样子，说话的声音一定很响亮，为的是让所有人都听到，让这个可耻的叛徒威风扫地。

明江日昇《台湾外纪》："……贝勒诸王见道周抗节不屈，益重之，令人再劝。承畴亦遣门人往劝，道周书一联：'史笔流芳，未能平虏忠可法；洪恩浩荡，不思报国反承畴。'粘畴署前。畴见笑曰：'庸儒不识时务，毋使彼沽名反累我。'遂启诸王，出道周于曹街。"

这则说法另有一种见地，我看重的是后面一句话，把洪承畴神态及内心写活了。洪承畴是个有肚量能成大事的人，否则他不会在清初那样复杂的局面中，不但站住脚跟，而且发挥很大的作用。他已经不是一介书生，是成熟的有丰富政治经验的政治家。而黄道周却依然是一介书生，一个执着于理想的纯粹的"士"。洪承畴与黄道周，人各有志，不能勉强。留给我们的是如何评价？用什么心态去评价。

在我看来，黄道周就义时，身躯"兀立不扑"，与其说壮烈，不如说心有不甘，他的理想何时才能实现啊。皮之不存，毛将焉附。大明已亡，国家不存，何来政治之清明，百姓之安康？黄道周死不瞑目。

明末清初，在改朝换代、社会大变革时期，面对腐朽的晚明和新兴的清朝，中国知识分子大抵有四种选择。

一是黄道周、刘宗周、陈子龙、曹学佺一类人，他们或旗帜鲜明地加入反抗清军的行列，不惜以身殉国，或自尽效忠明朝。

二是黄宗羲、张岱一类人，退隐深山，拒绝为新朝效力，走教育或学术之路，著书立说。

三是钱谦益一类人，身降心不降，明降暗不降，在痛苦与忏悔中度过余生。

四是洪承畴一类人，忠心为新政权出力，过荣华富贵的日子。

他们各有各自的理由，而后人对他们的评论也各有各的道理。随着时间的推移，时代的需求，观念的变化，各有褒贬。一定要说出个所以然，有时让人很尴尬。简单地否定与肯定都不是科学的态度。

作为民族崇高精神的收藏，我倾向于黄道周；作为个人生活的楷模，我心仪张岱、黄宗羲；作为文学人物的塑造，加深对人性的理解，我欣赏钱谦益；作为顺应历史潮流，维护大一统的国家利益，建功立业，洪承畴似乎是当时的不二选择。

原载《闽南风》2012 年 8 月号

好大一棵树

　　万历三十六年（1608 年）秋天，二十四岁的黄道周走在漳州的大街上。"貌似中人，弱不胜衣"而头戴四方平定巾，身着襕衫，冠带衣巾随风起落的黄道周，有点斯文，有点潇洒。

　　那时的漳州名气很大，大到当年海上霸主西班牙的航海图上，都不得不标上漳州，大到南洋许多岛国城市的地名、街道名，都以漳州的地名、人名为名。明朝中后期，作为东方大港的漳州港（月港）兴旺近一个半世纪，用现在的话说，当时的漳州是一座"国际化"的大都市。

　　对于这座大都市，黄道周的朋友、《东西洋考》的作者张燮在《清漳风俗考》中这样写道：……城闉之内，百工鳞集，机杼炉锤，心手俱应，又或别市方物，贸易而时盈缩焉。四方环视大有可观，前此未有也……甲第连云，朱甍画梁，负妍争丽，海滨饶石，门柱庭砌，备极广长，雕摩之工，倍于攻木砖植设色也……

　　这是一座繁荣而近于奢靡的城市。张燮对于漳州的描绘是中国式的，作为 400 年之后的我们，只能在简洁的语言中想象，在想象中陶醉。

而西洋人对漳州的观感却比较直接和实在。

2009 年 2 月，时任总理温家宝在访问西班牙时说，"16 世纪末，西班牙人门多萨写的《中华大帝国史》一书，是西方第一本全面介绍中国历史、文化、宗教以及政治、经济概况的著作，在欧洲引起轰动。"

这本《中华大帝国史》是这样写到"宏伟巨大的漳州城"的：漳州的街道……都很平坦，大而直，看来使人惊叹。他们的房屋用木头建造，屋基除外，那是安置石头的；街的两侧有波形瓦，也就是连续的廊子供商贩在下面行走，而街道宽到十五个人可以并排在上面骑行而不挤。当他们骑马时，他们必得从跨过街道的高牌楼下穿行，牌楼用木头建造，雕刻各式各样，盖的是细泥的瓦，在这些牌楼下布商叫卖他们的零碎货物……大士绅在他们家门处也有这些牌楼，尽管其中一些建筑得不及其他的雄壮。

西洋人来去匆匆，只记下对几条街道印象，而我却在万历《漳州府志》卷二之《厢里》发现，黄道周时代，漳州城内城外的大街居然有 33 条之多。

一般地说来，宽松的经济社会环境会催生开明的地方官——催生是个神秘的词，一个地方和一个人一样，都有它的"命"。站在历史的高度，我们不得不相信这个"命"。催生，在另外的场合下，我们可以用"有幸遭遇"来表述。这些开明的地方官往往会使他治下的地方经济社会文化变得更繁荣、更昌盛。全局的腐败与局部的相对开明并不矛盾。中国这么大，什么事都可能发生。北京到漳州几千里，鞭长莫及。黄道周生活的那数十年，漳州有幸遭遇几位开明的地方官，造就了漳州地面相对繁荣和谐的经济社会环境。翻阅《漳州府志》，从隆庆到崇祯 70 多年的二十任知府，大都有政绩有政声，列入"名宦传"的有六位，还有三位分别在他们的家乡被列入"循吏传"或"祀名宦"。他们的共同特点是"以廉惠称""精明强干""多惠政"，重视利民的政策调整和基础设施建设，重视文化教育，修学宫，建书院，修府志……与文化人交朋友。为官一任，造福一方。

经济繁荣在漳州的另一个体现，是沿着传统道路的迅跑，是传统文化的大发展大张扬。"兴学重教"，读书科举之风盛行。官方的府学县学之外，基础教育得到民众的重视，私馆、教馆、坐馆、村塾、家塾比比皆是，"读书之家无问贫富，每岁首各延师受业，虽乡村数家聚处亦有师"。而作为民间"高等教育"的书院就有三十多所。书院既是"教书育人"的地方，也是通往科举的道路。从隆庆到万历、泰昌、天启、崇祯的 77 年间，漳州府考上进士 199 人，是当时全国考取进士平均数的三倍多（77 年间全国共举办科考 26 次，进士 8585 人，全国 140 府，平均每府 61 人），可见当时漳州地面文化教育之繁荣。

走在漳州大街上的黄道周的生活圈子由此发生了变化，这个变化之于他的人生道路和他的学术进展有很大提升作用。父亲的去世，使黄道周家生活雪上加霜。为生计，黄道周来到漳浦县城，"馆于卢司徒"，也就是执教于卢维祯家塾，当了家庭教师。

卢维祯是个大人物。隆庆二年（1568 年）进士，累官至工部、户部侍郎，正三品，相当于我们现在的副部级领导干部。万历二十年（1592年）致仕。退休后，他与另一位漳浦人、退休的南京工部尚书朱天球在梁山结社，自辟水竹居，饮酒写诗，悠哉悠哉。

黄道周当时在漳浦已经有很高的知名度。封建社会，文人的名气靠的是文章。黄道周的文章好，知识分子们争先传诵，口口相传，名气自然形成。

卢维祯家自然是漳浦文人名流聚会所，可以想象，退了休的高级干部卢维祯经常在他的水竹居开"party"，那个时候卢维祯开的"party"一定比现在更高雅、更文化，因为来的都是名震一方的文人学士、退休官员。现在领导干部都有一张大学文凭，而那个时候的官员，大都是进士出身，人文含量很高。

黄道周到卢家的最大收获是认识张燮。

张家是龙溪望族，他的高祖、父亲、伯父都是进士出身，张、卢两家是世交，张燮到卢家并在那里遇见"馆遇卢司徒"的黄道周是很正常的事。24岁的黄道周与35岁的张燮，"谈契，如旧相得"，即一见如故知，相见恨晚。年长11岁的张燮回到漳州，立即把认识黄道周作为一件大事兴高采烈地告知好朋友高克正。

高克正也不是一般角色，从他考中进士的时间看，比黄道周大20岁左右。张燮向高克正介绍黄道周时，一定是把他说成一朵盛开的学术之花。高先生心动并且行动，立即"为书以迓先生"，也就是写信邀请黄道周到漳州来。

于是黄道周就在这一年的秋天到漳州来了。

黄道周到漳州住在张燮家。

张燮家在漳州有房子，是他父亲张廷榜买的"别墅"，在漳州芝山下开元寺左边，名为风雅堂。《龙溪县志》上说，"堂曰风雅，庭有双桂树，前为长轩，扁曰白雪词坛，开窗可遍俯诸兰若，左窥圆山及西溪一带，右望芝峰绝顶，后有楼，楼外复为层楼，三面疏豁，溪山海峡隐见眉睫……"简直就是一座风光秀丽的星级宾馆。张燮用的自然是父亲置下的老房子,只是改了个名字,叫"霏云居"。

黄道周住的就是"霏云居"。

我们说黄道周进入漳州文化精英圈子,不单单是张燮、张燮的父亲和张燮的堂弟经及写信邀请他来漳州的高克正,还有张燮玄云诗社的所有文人,这些人大都比黄道周年长十几二十岁。

玄云诗社成立于何时我们不得而知,但我们知道,这闻名遐迩的诗社由 13 人组成,史称"玄云十三子"。13 人中,有进士 9 人,举人一人。没有功名的山人,不是没本事,是清高,不想参加科举考试。这就是当时黄道周加入的漳州精英圈子。如果加上前前后后与黄道周有来往且关系密切的周起元、卢维祯、朱天球、林釬、张国经、魏呈润、何楷以及黄道周的学生陈士奇、陈瓆,这个圈子的精英程度很高,《明史》有传的就有 8 位,副省部级以上领导干部 9 人,还有像张燮这样无意为官却留下传世之作的超级文人。

这个漳州的文化精英集团很快就接纳了年轻的尚无功名的黄道周,并视为他们中的一员,这让我们看到当时漳州精英文化圈开放与豁达的胸怀。比之于我们当下某些学术界的功利、狭隘与装腔作势要让人开心得多。

漳州当时的文风之盛,与经济发展和文人相亲有关,还与一位好的地方官有关。其时,漳州知府叫闵梦得。

闵梦得在《漳州府志》中有传,浙江乌程人(湖州府乌程县晟舍镇)。万历二十六(1598 年)年进士,三十七年(1609 年)知漳州,四十年(1612 年)升任漳南道副使。他的前任是方学龙,万历三十年(1602 年)

由福州知府移守漳州，也是一位有作为的地方官。闵梦得知漳州，史称"以宽平为政"，为政可圈可点：一是"振兴废滞，均石埭僧租，还以给民"。用当下的说法，是一项惠民工程，老百姓得到实实在在的好处。二是"辟郡学畔池，开云龙书院，与士子讲学论文"。高度重视文化教育事业，与知识分子对话交朋友。三是续修漳州府志。盛世修史，古今皆然。中国老百姓很朴实，是好官的，都尊敬，为他立祠，他的好名声传诵了一百多年——"至今（清乾隆年间）百余年，谈闵使君，无不啧啧者"。

四百年前的漳州闵知府、闵市长让我想起一首流行歌，《好大一棵树》："头顶一个天，脚踏一方土，风雨中你昂起头，冰雪压不服……好大一棵树，绿色的祝福，你的胸怀在蓝天，深情藏沃土……"这样的联想似乎有点离谱，但我的确这样想。

我们从闵梦得的家乡《晟舍镇志·闵梦得传》知道闵梦得离开福建后，历官陕西按察副使兼布政参议、四川布政右参政兼按察佥事、左布政使、副都御史、兵部右侍郎、兵部尚书。后致仕，"以隆礼归"，活了72岁，崇祯十年（1637年）去世，"讣于朝，加赠太子太傅"。功成名就。

《晟舍镇志》还有一则与黄道周有关的故事："公（闵梦得）分宪漳南时，值棘试，赴省监。临道左，忽逢三生，以不及与试，求公荐引，因各呈宪课一帙，时已丙夜，公令掌火者高其照，观之，并看三生，皆可中之品，使遂宾兴。是年三生俱隽。三生者，即黄石斋道周、李豫石世奇、魏倩石呈润也。"

这故事有浓厚的浪漫色彩，只是时间对不上，黄道周是在27岁上，也就是万历三十九年（1611年）在闵梦得手上以第一名考中秀才，洪思《黄子年谱》云，"是时邑试张公、郡试闵公，皆以子为第一"。但故事所传递的闵梦得爱惜人才和敬业精神的信息，却是十分生动感人的。

闵梦得去世之后，黄道周为他写了墓志铭，"公墓志铭为其门人黄忠烈公道周所撰并书，其楷法遒劲，黄纸八幅……闻庚辛之乱，亦遭劫灰，惜哉！"黄道周的墓志铭原件毁于战火，但给人们的印象还在，"访知表出黄公笔，时在甲申秋九月……黄公文奇字更奇，孝经犒起三军疲。况有闵公功伐在，石自沉渊纸不糜……存亡显晦非徒然，二公精气式凭焉……摩挲真迹感沧桑，事业文章两渺茫……"

历史的淹没有时是真淹没，有时是假淹没。当我们偶然发现个别历史细节的时候，其感叹无异于在深山中发现一座华丽的宫殿，让人想入非非。

玄云诗社的活动得到闵知府的支持，闵市长开书院，与士子讲学论文，与当时漳州的精英们有诸多来往，关系密切。玄云诗社有他的前辈，也有他的晚辈，不同的是他在职，他们大都不在职——有的退休，有的因为种种原因离职（丁忧）、辞职（去官）。都是体制内的官员，但不在"官场"，没有利害冲突，没有功利目的，只谈文章与学问，交往起来，显得亲切自然。在职的有权有钱，时不时地开"party"，时不时地请客吃饭，觥筹交错，丝竹声声，即度分韵，吟诗作对，激情四溢。才华与学识，诗歌与文章，加之各家书院时不时举办讲学活动，名师云集，思想飞扬，学术讲座与学术交流不断，浓郁的文化教育气氛弥漫在 400 年前的漳州上空。

我想，这情形一定让当下的漳州学子十分羡慕，羡慕得直想玩"穿越"，一睹先贤的风采，感受古人的潇洒。

或许，穿越的你，会在开放的漳州大街上遭遇青年黄道周，和他一起逛一逛南市街的书坊，翻一翻新版的《新刊弦管时尚雅调百花赛锦》，探讨一下传统与创新这个永远的话题。

原载《闽南风》2013 年 1 月号

平和有个黄国梁。

黄国梁生活在大清乾隆朝的历史空间：生于乾隆二十一年（1756年），乾隆四十年（1775年）中秀才，乾隆四十二年（1777年）中武举人，乾隆四十六年（1781年）中进士（一甲二名），卒于乾隆六十年（1795年），享年39岁。

乾隆朝是清代由武功向文治转变的年代。《清史稿》指出："乾隆中年后，多以武功致台鼎……新（蔡新）、元瑞（彭元瑞）、昀（纪晓岚）起侍从，文学负时望。新谨厚承世远之教。昀校定四库书，成一代文治，允哉，称其位矣！"也就是说，蔡新是辅佐乾隆皇帝成就"一代文治"的三位重要人物之一，而另两位——彭元瑞和纪昀都是蔡新的门生。

由于康熙朝蔡世远、蓝鼎元等著名理学家的热身，加之于当朝大学士蔡新的影响，这个时期的漳州大地迷漫着浓厚的文化气氛。

乾隆四十六年（1781年），25岁的黄国梁高中武榜眼，正乞假回乡修墓的 75 岁高龄的蔡新听到这个消息，十分高兴，欣然拎笔，写下一副对联："安土敦人敬长爱亲犹是当年遵古训，抚今追昔登科及第果然继世振家声。"这是一副渗透着儒家精神的对联，"文"韵彰显于上而"武"义藏匿于下。

黄国梁身材魁伟，身高超过 1.9 米，臂力过人，手握 120 斤重的大刀，挥舞起来虎虎生风。但是单凭武功而没有文化是考不了武进士的。

《清史稿·选举志三》上说："武科，自世祖初元下诏举行，子午卯酉年乡试，辰戌丑未年会试，如文科制……殿试简朝臣四人为读卷官，钦阅骑射技勇，乃试策文。临轩传唱状元、榜眼、探花之名，一如文科……内场论题，向用武经七书。圣祖以其文义驳杂，诏增论语、孟子。于是改论题二，首题用论语、孟子，次题用孙子、吴子、司马法。"从这里我们知道，能考武举人武进士的，都要会做文章，而且越到后来，对"文"的要求越严，康熙朝之后，策论的内容，首先是论语、孟子，然后才是武经七书。所以，黄国梁能中进士，不但力气大武功好，儒家经典也学得好，秀才是他功名的起点。用我们现在的表述方式，是文武双全的杰出人才。

文武双全的黄国梁中榜眼之后，依清制，授二等侍卫，留在乾隆皇帝身边。乾隆皇帝对漳州人有好感，他的老师蔡世远是漳州人，他信任的大学士蔡新是漳州人，如今，又有一位漳州人来当侍卫。就在黄国梁考中榜眼的几年前，他还连续两次表扬了另一位前朝的漳州人黄道周，一次说他"不愧为一代完人"，一次说他"立身行己，秉正不回"。

从小，黄国梁不但勤于练功，而且勤于读书。他的家乡有良好学习环境与氛围，有位当代作家用散文笔调这样描述当年黄国梁的学习环境："……这座始建于明代的大土楼傍山临溪，独占风水宝地……青少年时期的黄国梁就居住在这里……外大门上方镌刻的'世大夫第'石匾和内楼上方的'朝阳楼'石匾，虽历经数百年字迹依然清晰。楼外小溪石岸边长出的木笔树、含笑树、桂花树，葱绿茂盛，护卫着这古老宅第，成为一道亮丽风景。小溪边那一排青砖黛瓦的古老平房，传为清朝时乡间私塾，少年黄国梁就在那里读书。青山、绿水、土楼、平房，榜眼就是在这样的环境里成长起来的。"

在这样的环境中成长起来的武榜眼有点文人气质。他从京城衣锦还乡，不带别的，只带月季与玉兰，遍种故里，以至"古树数百载，榜眼故里栽；兰桂寓深意，世代育英才"，营造清新雅致的文化氛围；他回乡探亲，游览家乡名胜石晶宫，也像文人一样地挥笔在宫后的石壁上写下"石晶圣泉"，让他的手迹和名胜一起组成一道亮丽的文化景观。

而他的榜眼府也处处充溢着"文化色彩"，府第南北侧室前有甬门，门上分题"植桂""培兰"，雅趣盎然。遥想当年，庭院深深，兰桂芬芳，加之以大厅上"一门诗礼流长泽，千载香烟锁白云"等对联，那是怎样的文化，怎样的高雅，怎样的令人神往、流连忘返！

200年来，黄国梁的故乡文脉不断，文气浩然。霞寨旗杆楼从一个侧面记载着历史的荣耀。旗杆楼建于康熙十六年（1677年），原名聚德楼，后来，因连出五名举人。出一名举人竖一根旗杆。旗杆多了，楼名也变了。直到近现代，著名书法家黄惠，一代油画艺术大师周碧初……

黄国梁是漳州唯一的武榜眼。武榜眼武字当头，不说武只说文，不是我眼中无武，而是想强调文的作用。有武无文乃匹夫之勇，文武双全，以文统武方能所向无敌。

原载《闽南日报》2013 年 5 月 6 日

永远的黄道周

　　在漳浦，有一座"黄道周讲学处"（黄道周纪念馆），这个讲学处早在 1961 年就被列为第一批省级重点文物保护单位。

　　黄道周，字幼玄（又作幼元、幼平），又字螭若、细遵，人称石斋先生。生活在 1585—1646 年的历史空间。在晚明，他为挽救大明王朝的颓势，不停地上书皇帝，直抒己见，以"天下第一词臣"闻名海内。他是天启二年（1622 年）的进士，历天启、崇祯二朝，累官至经筵日讲官、少詹府少詹事兼管玉牒（管理东宫事务的行政副长官兼图书馆馆长），是个正四品官员。但由于他的正直敢言，仕途坎坷，因犯颜直谏，受降级调外处分、削籍为民，甚至廷杖、坐牢，备受考问。他的这种不折不挠的精神，连崇祯皇帝都为之感动，私下里对近臣说："黄道周冰心铁胆，自是今时一人！"

　　在明亡后的南明时期，黄道周曾被南京弘光小朝廷委为礼部尚书兼翰林学士协理少詹府事，旋即失望而去。之后，又于 1645 年农历的闰六月，与郑芝龙拥立唐王朱聿键在福州称帝，史称隆武朝，出任"少保吏部尚书武英殿大学士",也就是内阁首辅。为恢复明朝的江山,黄道周以一介文弱书生,自请带兵北上抗清。五个月后,他在江西兵败被俘。他的对手其实不是清朝军队,而是他曾经的同僚、老乡,南安人洪承畴的部下。洪承畴当初松山兵败被清人所执,开明朝重臣降清之先河,为清人打天下,时任清朝江南总督,驻南京。洪承畴以各种手段,力劝黄道周降清,但他拒绝投降,不但拒绝,还以各种方式痛斥洪承畴的变节行为。黄道周在狱中写下"蹈仁不死,履险若夷。有陨自天,舍命不渝"。表现出视死如归,舍身成仁的高尚情操。三个月后,在南京慷慨就义。

黄道周不仅是大明王朝坚定的维护者、抗清志士,而且是晚明一位知名的学者、教育家和书画家。

黄道周是明末儒学大师,几乎没有一部明代儒学史著作不提到他,从黄宗羲的《明儒学案》到容庚的《明代思想史》再到李兆民的《明清福建理学诸家之概况》又到侯外庐主编的《宋明理学史》最后到衷尔钜《黄道周与刘宗周哲学思想比较》,都对他的理学思想有专门的论述。他的著作达127种之多,《明史·艺文志》目录列黄道周著作九种,六十四卷;《四库全书》收入黄道周著作十种,六十九卷。用"著作等身"来形容他一点也不过分。有《易象正义》《孝经集传》《黄漳浦集》传世,约140万字,完全可以说,黄道周的文化意义是全国性的。

他一生的主要精力,一是从事学术研究,二是从事授业讲学。除了漳浦的黄道周讲学处(明诚书院)之外,漳州的正学堂(榕坛、紫阳书院)、邺山讲坛、浙江的大涤书院,以及福州、武夷山等地都留下他讲学的足迹,学生遍布闽、浙、赣等省,多达1000余人,并留下《榕坛问业》等经典儒学著作。《四库总目》对《榕坛问业》作出很高的评价:"书内所论，凡天文地志，经史百家之说，无不随问阐发，不尽作性命空谈，虽词意间涉深澳，而指归可识，不同于禅门机括幻空无归，先儒语录每以陈因迂腐为博学之士所轻，道周此编可以一雪此消矣。"

一个人有这样的成就已经让我们敬仰万分了。然而，他的成就还不止这些，他还是中国艺术史上一位杰出的艺术家，他的书画都有传世之作。他的画，当代国画大师潘天寿《中国绘画史》的评价是，"山水人物，长松怪石，极为磊落"。他的书法，与倪元璐、王铎并称明末三大书法家，时称"三株树"，又有"北倪南黄"之说。倪元璐的儿子倪会鼎曾师从黄道周，说："世以夫子与先公并称。先公遒过于媚，夫子媚过于遒。"一个更追求力度，一个更追求气韵，取向一致而名显风采。黄道周的书体，史称"漳浦体"，影响至今。

如果黄道周仅仅作为一位学富五车的大学者和风格独特的艺术家，他的影响力和知名度可能没有如今这么广泛。作为一个在历史转折时期的悲剧英雄，他的理想，他的奋斗，他的品格，更为中华民族留下一份弥足珍贵的精神财富。

在世上，有的人为自己活着，说"人不为己，天诛地灭"；有的人为别人活着，说"己欲立而立人"；有的人为金钱活着，说"人为钱死，鸟为食亡"；有的人为理相活着，说"人无志，非人也"。

黄道周是一个为理想活着的人，他以天下为己任，他为一个美好的社会而奋斗，他的美好社会是一个君主圣明、政治清明、社会安定、百姓安康的社会。

可惜黄道周生不逢时，他生在一个君主无能，政治昏暗，小人当道，社会动荡，民不聊生，大厦将倾的时代。面对残酷的现实，为了理想的实现，明知不可为而为之，直至献出宝贵的生命，虽九死而不悔。这就是黄道周。黄道周的一生充满悲剧色彩，伟大与崇高是悲剧的底色。

黄道周的理想铸造了他的人格。他的人格，甚至连他的敌人——清朝乾隆皇帝都佩服，称赞他为"一代完人"。他的人格魅力无穷，影响着他的家人、学生、朋友，甚至无数素不相识的人们，从黄道周的身上，人们悟到："人不可不学道。"

明亡，黄道周抗清被执，拒降殉国。1646年三月初五的南京，当刽子手举起屠刀的时候，当他的头颅滚落的时候，人们为他的"孤忠亮节"而赞叹，"纲常万古，节义千秋，天地知我，家人无忧"感天动地，流传至今。

近四百年来，黄道周有如一颗耀眼的星星，闪烁在历史的天空，为人们所敬仰，所乐道。黄道周的各种年谱传记不下20种。几乎所有的明代史都绕不过黄道周，从古代的《明史》到当代中国大陆的《中国通史》和台湾的《中华通史》到《剑桥中国明代史》，对黄道周的讲述都是令人难忘的。

当我们从庞杂的史料中抬起头来，站在400年之后的今天回望历史天空，我似乎看到了另一个黄道周，他的忠贞，他的卓行随岁月远去，历史上的恩恩怨怨也在时间的磨洗中淡化了，一个大学问家黄道周的面目逐渐清晰。如大旅行家徐霞客所言："至人惟一石斋。其字画为馆阁第一，文章为国朝第一，人品为海宇第一，其学问直接周、孔，为古今第一。"而他之于《易》的研究，由于种种原因，蒙上一层层神秘主义的色彩，而我，似乎在这些色彩斑斓的神秘之中，隐隐约约地感受到一种对人类命运的终极关怀。也许，这是黄道周最大的理想。

黄宗羲盛赞黄道周的学问"如武库无所不备，而尤邃于《易》"。黄宗羲是明清之际的著名学者和思想家，又是黄道周朋友刘宗周的得意弟子，对黄道周是了解的。"而尤邃于《易》"就是对《易》的研究尤其深远。细玩"邃"字，发人深思。

我不禁想起黄道周的学生洪思《收文序》中的一句话，"知进退存亡而不失其正者，其唯黄子乎！故其学皆可以为《易》，其行皆可以为《孝经》"。"其行"随着他生命的终结而画上句号，"其学"则作为一份珍贵的文化遗产，给我们留下无穷的问号。

"黄道周讲学处"的院子里有一座"天方盘"，这是黄道周留给我们的一个"迷"，自古至今，无数易学专家无法解读，望"盘"兴叹。

《易》是五经之首，中国文化的源头，是一门永远的学问，几千年来，人们从来没有中断过对它的研究。而今，它又成为中国传统文化研究的一个热点。

2011年，黄道周的易学研究代表作《易象正》《三易洞玑》点校本由中华书局出版，也许，这是一个新的起点。

原载《闽南日报》2014年6月4日

一门难得两帝师

230 年前，也就是乾隆五十年（1785 年）的正月丙辰，75 岁的大清皇帝在北京，"举千叟宴礼，宴亲王以下三千人于乾清宫"。出席宴会全是 65 岁以上的老人，年纪最大的是福建省漳州府漳浦县人蔡新，79 岁。蔡新时拜文华殿大学士，兼吏部尚书。

漳浦下布（大南坂下楼村林西墘）有点了得，在短短的不到 30 年间出了两位进士，而且，用现在的话说，"都在中央工作"。一位是蔡世远，一位是蔡世远的从侄蔡新。雍正元年（1723 年）蔡世远奉诏入京，授翰林编修，入值上书房，侍诸皇子读书。22 年后，也就是乾隆十年（1745 年），蔡新奉命入职上书房，侍诸皇子讲读，并授翰林院侍讲。当叔叔的学问做得好，有《二希堂文集》等著述传世，官至副部级（礼部左侍郎），死后才享受正部级待遇（赠礼部尚书），而当侄子的却"青出于蓝而胜于蓝"，把中央各部的部长基本上当了个遍，历吏、礼、兵、刑、工五部尚书，官至文华殿大学士。虽说学问没有从叔精深，也绝非等闲之辈，他不但有著作《缉斋诗文集》行世，而且当过《四库全书》

的总裁——这个总裁可不是一般平庸的官僚能干得了的。

这就是我们漳州人通常所说的两帝师：乾隆皇帝的老师蔡世远和嘉庆皇帝的老师蔡新。一个家族出两位帝师，在中国历史上几乎没有先例，在漳州1300多年的建州史中，更是绝无仅有。

蔡世远康熙二十年（1681年）生于书香之家，始祖蔡元鼎以朱子学著称于世，六祖蔡大壮尝得朱子学家周瑛主敬穷理之传，五祖蔡宗禹也是朱子学家，祖父蔡而煜师事黄道周，文章风骨与黄道周相似。父亲蔡壁学宗朱子，曾主讲于全国第一流的福州鳌峰书院。少时，接受父亲的训示，致力学习周敦颐、张载、程颢、程颐、朱熹等宋代理学家的著作，稍长，师从朱子学家张伯行。蔡世远曾说："学问未敢望朱文公（朱熹），庶几真希元（南宋理学家真德秀，号希元）乎？事业未敢望诸葛武侯（诸葛亮），庶几范希文（范仲淹）乎？"因以"二希"自许。康熙四十八年（1709年）成进士，五十四年（1715年），康熙下谕编纂《性理精义》，由李光地充任总裁。在李光地推荐下，蔡世远担任分修职务。后回福建主持鳌峰书院。蔡世远主张"其教以立志为始，以孝弟为基，以读书体察、克己躬行为要。"而他自身"夙尚风节，敦行孝悌，好语经济，而一本于诚信"，因此，"闽士慨然感兴于正学"。他在家乡漳浦学宫讲学，听讲者常有几百人，甚至上千人。

蔡世远是清初著名学者和教育家，是闽学——福建朱子学的骨干。雍正皇帝说他："研究于天人性命，砥砺乎理学文章""克探濂、洛、关、闽之蕴。"当代学者说："闽中自李文贞（李光地），蔡文勤（蔡世远）二公重振龟山（扬时）、考亭（朱熹）之绪，薪尽火传，理家大畅。"蔡世远一生著述颇丰，计有：《二希堂文集》十二卷（收文171篇）、《古文雅正》十四卷（评选历代古文 230 余篇），以及阐发程朱思想的《合族家规》一卷、《先儒遗书汇编》五卷、《性理精要》三卷、《扞斋初集》六卷，还有与著名学者朱相国（朱轼）合辑的《历名儒、循吏、名臣传》及续编四十八卷。

蔡世远从侄蔡新，生于清康熙四十六年（1707 年），3 岁时父亲因病亡故，家境贫穷。蔡新是个太平宰相，我在他的各种"传记"中读出许多赞叹。

他心中有民。乾隆五年（1740 年），噶喇吧（今属印度尼西亚）发生荷兰殖民者屠杀华侨惨案，福建当局上书，建议实行海禁。大学士方苞征求他的意见，他说："闽、粤洋船不下百十号，每船大者造价近万金，小者亦四五千金，一旦禁止，则船皆无用，已弃民间五六十万之业矣；开洋市镇如厦门、广州等处，所积货物不下数百万，一旦禁止，势必亏折耗蚀，又弃民间数百万之积矣；洋船往来，无业贫民仰食于此者不下千百家，一旦禁止，则以商无资，以民无产，势将流离失所，又弃民间千百生民之食矣！此其病在目前者也，数年之后，其害更甚！"建议不要实行海禁。

他心底无私。乾隆四十八年（1783 年）七月，他以吏部尚书，充会试（考进士）正考官，会试后，皇帝接见他，说："你的儿子有否参加这次会试？"他说："我儿子是庚申科举人，今年因臣主持会试，为了避嫌叫他回避，所以未经入闱。"封建社会学而优则仕，考上了就当官。吏部尚书充会试正考官，这么好的位置，却不给自己儿子机会，难能可贵。平时，他与同事也都谈的是公事，"未曾有一语谈及私事"。

他心态平和。蔡新位极人臣，深受乾隆帝器重，说："年老君臣似老朋"，甚至说："独新长朕四岁，或可居兄事。"蔡新致仕，乾隆亲执玉如意以赐，并赐送别诗，恩宠有加。这样的身份这样的地位，蔡新却始终"操履端谨，言行必衷于礼法"。退休后，"家居谦慎，遇丞尉执礼必恭"。丞和尉都是县里的小吏，一个当过宰相的人，遇到他们，"执礼必恭"，一个"恭"字，活灵活现地刻画出他的平易谦虚、和蔼可亲；一个"必"字又说出他的常态。这种恭，不是对个别人，也不是个别场合，是对所有人和所有场合。蔡新这样做是出自内心。"新学以求仁为宗，以不动心为要。"仁者爱人，平等待人，心地平和。所以嘉庆皇帝赐额"绿野恒春"，所以他活到93岁。

地处东南海滨的漳州，由于蔡世远、蓝鼎元等著名理学家的热身，加之当朝大学士蔡新的影响，这个时期的漳州大地迷漫着浓厚的文化气氛，据光绪《漳州府志》载，在蔡新去世之后的五十年间（即嘉庆、道光两朝），漳州就有12人考中进士，171人考中举人。

随着时光的流逝，两帝师离我们越来越远，但我们似乎应该记住他们，记住他们的事迹，并从中得到有益的启示。

原载《闽南日报》2015年7月13日

我和郑和的三次邂逅

　　郑和生活在 1371—1433 年的历史空间，我不可能与他有什么瓜葛，除非我是神仙。凡夫俗子的我所能遇到的只是纪念郑和的庙宇和庙宇里的郑和神像。一个人能让人建庙宇加以纪念，是很了不起的。

　　不过，郑和之所以让人纪念，首先应该归功于明成祖朱棣，永乐天子名声不太好，因为他发动靖难之役，抢了侄儿的皇帝位子。然而，朱棣是中国历史上少有的几个有作为的皇帝之一，在位 22 年，史称"永乐盛世"。朱棣当皇帝，有许多大动作，比如迁都北京、修《永乐大典》、派郑和和王景弘一起率领大明船队下西洋。

　　正因为有了永乐皇帝的任使，才成全了郑和作为伟大航海家而名垂青史，也才有了那么多的郑和庙。

　　我读中学时就知道郑和七下西洋的事，但我不是个好学生，读过就忘。而且，那时对于中国船队七下西洋的壮举的确没有深刻的体会。有真正体会的是几十年之后，在马六甲，我与郑和庙的第一次邂逅时开始的。

2006 年夏天，我随团到新加坡参加一个学术活动，途经马来西亚的马六甲，在那里的宝山亭照了几张相。这才感到，这位郑和郑大人果真伟大。宝山亭就是郑和庙。不但有庙，还有郑和井。

有关资料表明，大明永乐元年至宣德十年（1403—1435 年），郑和下西洋，曾以马六甲为大本营，船队开往占城、爪哇等国，先在马六甲停泊，由暹罗、忽鲁莫斯等国回程时，也在马六甲聚集，一边做后勤的补给工作，一边等候信风。三宝山也叫中国山，曾是郑和驻营的地方。宝山亭——三宝庙和三宝井就在山下。宝山亭主祭郑和，那尊安坐正中的郑和神像，很有人间气息，慈眉善眼加上雪白的胡子，很像中国通常的慈祥老人，不像太监——太监哪来的胡子？郑和井是圆井，很大，上面还用铁丝网罩住，也许是怕游人不小心掉进去。我在那里拍了一张往井里观望的照片，但我现在不记得看见了什么。听说，这井是郑和为了解决船队的吃水问题，下令挖掘的。

宝山亭是 1795 年，马六甲第十任甲必丹蔡士章（漳州府海澄县人）建的，甲必丹是地方主管华人事务的最高行政长官，主殿有一副对联，"魂依甲地万古幽冥沾福德，公庇征人千年享祀配春秋"。也是他写的。我们可以从这副对联看到他内心对郑和的敬仰和作为中国人的自豪。

我在马六甲郑和庙和郑和井的留影拍得有点匆忙，因为是路过，也没做太多的联想。

我与郑和庙的第二次邂逅还是在海外，不过，这一次不是身临其境，只是在书本上做一次旅行——我为了写一部人物传记，眼睛跟着书本走，一直走到印度尼西亚的三宝垄市，走进那里的郑和庙。

我的传主祖籍福建福清，是印度尼西亚大富豪、爱国侨领，曾在三宝垄做过小生意，20世纪30年代末40年代初，他用自行车载着咖啡粉走街串巷，沿街叫卖。

我这样写道：

华侨是三宝垄市区最早的开辟者……正如印度尼西亚学者苏基诺在《印度尼西亚史》一书中所说的，"叙述三宝垄城市，如果不知道中国人是怎么来到这个城市的，那么，这种叙述将是不够完善的"。甚至连三宝垄名字的由来，也与华侨有关。三宝垄最初的名称是阿森—阿朗（Asem-Arang），意为"叶子稀疏的阿森酸果树"，简称森阿朗（Semarang），华侨把它译成三宝垄，不全是音译，还有纪念三保（宝）大人郑和的内涵。也就是说，三宝垄这个华文译名与三保（宝）太监下西洋的传说有密切联系，从侧面证明，华侨随郑和下西洋而开始大量定居三宝垄，并对三宝垄城市的开发与发展做出不可磨灭的贡献。

我又写道：

三宝垄是一个大都市，三宝垄河穿城而过，几十条街道纵横交错，有不少用中国人的名字命名的街道，比如林医生（林月华，三宝垄第一位华人医生）街、黄仲涵街、振兴街——以前也叫十九间街……还有那条葛堂巴都街，也叫三保（宝）洞街。这里有一座坟，据说是中国的三保大人郑和的坟。三保大人被当地人尊称为丹布·阿旺，是个乐善好施的大商人。还有人说，这其实不是郑和的坟，是与郑和同为正使的王景弘的坟，王景弘是福建漳州府人。我们的传主听了微微一笑，想不到，这里还有一个这么有名的福建老乡！

听说清乾隆年间，有个叫王大海的，写了本《海岛逸志》，说"华人自明永乐王三保、郑和等下西洋采买宝物，至今通商来往不绝"，王大海也是福建人，生于漳州府龙溪县，在三宝垄生活了十年，他的书是可信的。可见我们福建老乡王景弘在爪哇三宝垅的名声很大。听说许多当地人相信王景弘是死于海外，他还曾经在三宝洞养病，死后就埋葬在附近，和祭祀郑和的三宝洞庙毗邻。还听说，每年的农历六月二十九日，三宝垄都纪念三保（宝）大人登陆，很热闹。

其实，我们的传主对郑和下西洋的事迹并不陌生。500多年前，郑和、王景弘第7次下西洋驻舟师于长乐太平港候风，长乐离我们的传主的家乡不足百里……当初读私塾时，老师说，长乐南山有一座郑和建的三清殿，殿里有一口铜钟，上铸"国泰民安""风调雨顺"，还有铭文，曰："大明宣德六年岁次辛亥仲夏吉日，太监郑和、王景弘等同官军人等发心铸造钟一口，永远长生供养，祈保西洋往回平安吉祥如意者。"老师还说，长乐南山上还有一座三峰塔和一座天妃宫，是郑和第三次西洋回来之后，为酬谢"海神天妃保佑"，奏请朝廷批准盖的，"以为军官祈报之所"。《长乐南山志》云："明初三保太监郑和七下西洋累驻舟师于此，永乐十一年舍财同寺僧葺寺修塔。"

我还引用有关资料，继续写道：

明初，经过四五十年的恢复生产、发展经济，农业、手工业、商业和造船业都有了较大发展。到了明永乐六年至宣德七年（1408—1435年），出现"宇内富庶，赋人盈羡"的经济繁荣盛况。明朝的国力蒸蒸日上，边防、海防的威胁基本上解除。为了向海外诸邦"宣德化而柔远人"，创造一个四海安宁、万邦来朝、与中国"共享太平之福"的政治局面，明成祖朱棣和明宣宗朱瞻基，自明永乐三年至宣德八年（1405—1433年），派遣三保太监郑和7次下西洋。郑和下西洋，多次从福州闽江口的五虎门、长乐县城郊的太平港启航。郑和舟师驻泊港口……修造船舶，祭祀海神，伺风出洋。同时，郑和在福州沿海各县亲自聘通事（译员），选火长，雇名舵，招水手，抽调从征将士。……一些随郑和出使远航的福建人到南洋后定居下来，在各侨居地拓荒创业，繁衍生息，成为华侨。……郑和下西洋对福建人移居南洋起了直接推动作用……

我和郑和的第二次邂逅纯属写作之需，但在阅读与写作的过程中，我对郑和和郑和在海外的影响有了更多的了解，因而，郑和在我心目中的形象也就更加高大起来了。

我没想到，我和郑和庙的第三次邂逅会在漳州，在离我居住的市区不足百里的鸿渐村。

2015年5月14日，我参加漳州市文联与省作家协会联合举办的漳州台商投资区采风活动，在鸿渐村意外地看到一座郑和庙。开头我有点不相信，这么伟大的航海家居然会和漳州有瓜葛。可村里人告诉我们，这的确是一座郑和庙，庙不大，却已经存在几百年了。

2004年7月11日，在距离郑和首次下西洋599年之际，在北京举行的"世界文明与郑和远航国际学术研讨会"上，有专家认为，鸿渐村的这座郑和庙是国内最早的郑和庙。

村民告诉我们，这座郑和庙，也叫太保公庙、二保庙和郑府圣侯庙，是明朝末年，鸿渐村的旅菲华侨修建的，庙里的神像是依据他们从海外带回的郑和、王景弘的画像雕塑的。郑和和王景弘既是给海外华人带来荣誉和骄傲的中国人，又是海外华人心目中的神，在家乡建庙奉祀是村民的心愿。

鸿渐是千年古村，自古有下南洋的传统，村里 70% 左右的家庭有亲人在菲律宾、新加坡、美国、加拿大，其中大部分在菲律宾，所以鸿渐村又有"吕宋村"之称，菲律宾前总统阿基诺夫人的曾祖父许尚志就是鸿渐村人。

鸿渐古属同安，我力图在《同安县志》找到一点线索，虽没找着，却意外地在网上看到这样的文字："明后期，同安积善里张坑村有保生大帝庙（张坑庵），配祀'二保公'（即永乐朝奉旨下西洋之三保太监郑和及其副使王景弘）。后'二保公'分灵至鸿渐村，许姓村民为其建专祠曰'二保庙'……"

这种叙述，大体上印证了村民的说法。

我在郑和庙前站了很久。

显然，这不是原来的老庙，是近年重修了的新庙。神台上供奉两尊神像，一尊红脸，一尊黑脸，黑脸为郑和，红脸为王景弘。

郑和下西洋，怎么会跑到漳州？

关于郑和到漳州，史书无载。但是书上没有写的不一定就没有。

史书上找不到记载，但鸿渐村的郑和庙确实已经存在数百年了。而且，建庙不仅仅是华侨的意愿，还因为，郑和的船队到过漳州，不是特地来，是因为一次意外。

据《闽都别记》记载，郑和有一次下西洋时，"闻将至闽界，忽起大风吹转回头，人众皆忧……被漂没至风定，始能收泊山旁，不知此处何地，唯见成群白鹭往来"；"郑和太监等船，泊至白鹭岛"。有专家认为，白鹭岛指的应是现在的厦门岛。郑和下西洋的船队在闽江口遇到大风被刮到南边，那时厦门港尚未开发，漳州月港正在崛起，而鸿渐地处月港北岸海口，与厦门近在咫尺，船队锚泊在那里避风是完全可能的。

郑和庙边有"重申保护水利"碑，民国十一年（1922年）立。我们从碑文中对鸿渐美河及四周环境的描述，看出鸿渐村自古临海，河汊交错，有多条河流入海。所以，当初郑和的船只驶进村里，停泊在离郑和庙不远的地方是十分可能的。

听村里老人说，农历八月二十三，是太保公生日，村里"闹热"。"闹热"是闽南话，大意是"过节"。每年过节，都有南洋的宗亲回乡省亲，并和亲属、村民以及邻近村社的侨属一起到郑和庙朝拜，致祭，迎神巡安，还请戏班来唱戏，很热闹。还说，每年农历正月元宵节的前后三天，也是村里最热闹的日子，因为这几天，太保公要看新娘。于是，村民们就要抬着太保公的神像，到一年来新结婚的家庭去"看新娘"。届时，主人们要端上"四果盘"来招待客人，"四果盘"装着红枣、花生、桂圆和冬瓜，寄托着"早生贵子"的美好愿望。我们不知道这个习俗何时形成，如何形成。但是，这个习俗有很浓的人情味，在这里，"太保公"郑和不是神，是一个好奇心十足的老人，他是太监，没结过婚，看新娘自是一种乐趣；而新婚之家的热情招待，为的是让太保公记住新娘，保佑全家平安幸福。

听过村里的习俗介绍，我不由想起郑和庙大门石门框上的那副金字对联，"著千古之功勋职封太保，济万民乎黎庶德垂凤山"。看来，作为历史人物的郑和通过他的庙宇，将永远活在村民的心中。

在与郑和庙的三次邂逅之后，我想起了明代漳州龙溪人张燮的《东西洋考》和诏安人吴朴的《渡海方程》，里面有关于郑和下西洋的内容，但我更想了解一下正史上的郑和，于是，从鸿渐村返回之后，我从书架上抽出《明史》。

在《明史·志第五十·职官三》中，我读到这样的文字："顾中官四出，实始永乐时。……三年，命郑和等率兵二万，行赏西洋古里、满剌诸国，此将兵之始也。……及洪熙元年，以郑和领下番官军守备南京，遂相沿不改。"在《明史·郑和传》中，我读到这样的文字："和经事三朝，先后七奉使，所历占城、爪哇、真腊、旧港、暹罗、古里、满剌加、渤泥、苏门答剌、阿鲁、柯枝、大葛兰、小葛兰、西洋琐里、琐里、加异勒、阿拨把丹、南巫里、甘把里、锡兰山、喃渤利、彭亨、急兰丹、忽鲁谟斯、比剌、溜山、孙剌、木骨都束、麻林、剌撒、祖法儿、沙里湾泥、竹步、榜葛剌、天方、黎伐、那孤儿，凡三十余国。所取无名宝物，不可胜计，而中国耗废亦不赀。自宣德以还，远方时有至者，要不如永乐时，而和亦老且死。自和后，凡将命海表者，莫不盛称和以夸外番，故俗传三保太监下西洋，为明初盛事云。"

我原想把这些从正史上摘录下来的文字，权当我与郑和三次邂逅的体会，也作为本文的结束。但是，当我读到郑和《天妃灵运之记》碑的碑文时，我想，还是用郑和的话作为本文的结尾，同时体味一下500多年前郑和的豪迈之情。

人能竭忠以事君，则事无不立；尽诚以事神，则祷无不应。和等上荷圣君宠命之隆，下致远夷敬信之厚，统舟师之众，掌钱帛之多，夙夜拳拳，惟恐弗逮，无不竭忠于国事，尽诚于神明乎？师旅之安宁，往回之康济者，乌可不知所自乎？是用著神之德于石，并记诸番往回之岁月，以贻永久焉！

原载《闽南风》2015 年 7 月号

澹泊宁静
话林釬

在漳州蓝田开发区，有一座"澹泊宁静"坊，这座牌坊屹立在这里已经 380 年了。

这牌坊是晚明"提督福建学政布政使司右参议兼按察司佥事门生陶承谟"和"署龙溪县事南靖县知县门生吴士颜"奉旨为他们的恩师林釬立的。

牌坊主间两面都有崇祯皇帝的御笔，一面是"澹泊宁静"，一面是"中正和平"。崇祯为林釬写的这八个字，不但大有书家之风，十分耐看，而且恰如其分，十分耐读。

林釬，《明史》《福建通志》《漳州府志》《龙溪县志》《同安县志》都有传。

细读名种史书的林釬传，我的第一个印象是，他有经世之才。崇祯问他治国之策，他说了八个字：用人、理财、靖寇、宁边。其时，大明王朝风雨飘摇，内忧外患，内有李自成之乱，"流寇数十万，最强无过闯王。彼多番汉降丁，坚甲铁骑；兵有纪律，其锋甚锐。闻在关中，攻扶风数日，破之"。外有清兵压境，"清兵深入；己酉，清兵间道自天寿山后至昌平。降丁二千人内应，城陷"。而朝廷缺乏经世之才、将兵之帅，衮衮诸公，无人可用；更加之于天灾不断，民不聊生，别的不说，就在林釬就任东阁大学士的第二个月，"山西大饥，人相食。乙酉，宁夏饥，兵变"。各地用兵，开支极大，中央财政捉襟见肘。林釬这八个字，非常切中时弊，所以崇祯把他留在身边，"即日拜东阁大学士，入阁办事"。

作为内阁成员的林釬，名字列在《明史·表第十一·宰相年表二》，与林釬同为内阁成员的只有三个人。

可见当时林釬地位之显赫、之重要。

为什么崇祯如此看重他？八字对策之外，还有两个原因：一是"时上方嫉党人，以釬诚愨，不立门户，特加眷顾"。崇祯皇帝最讨厌大臣们结党营私，而林釬为人忠厚，不结党不谋私，皇帝特别喜欢。二是崇祯对他在天启朝表现的了解和赞赏。

在《黄道周》（厦门大学出版社 2014 年 4 月出版）一书中，我曾这样写林釬：

他当国子监祭酒，阉党要在国子监边上为魏忠贤立生祠，他坚决反对，但话说得很艺术，"孔子，严师也，礼有人主北面之尊。忠贤，人臣也，若列坐其傍，他日皇上入学谒奠，君拜于下，臣偃然于上，能安之乎？"阉党不死心，又要强迫他在阉党集资建祠的倡议书上签字，他"援笔涂抹，即夕挂冠于棂星门径归。忠贤矫旨削其籍"。林釬有智慧，来个"三十六计，走为上"。后来，崇祯皇帝表扬他"危行言孙，君子也"。

"危行言孙，君子也"是崇祯对林釬智慧的充分肯定。

有了以前的了解，加上八字策对很合皇帝的胃口，自然就信任了，重用了。

几乎所有的林釬传记，对他与魏忠贤斗争一事，都着以浓墨重彩。从这个事件中，我们看到林釬外圆内方的品格——既敢于斗争又善于斗争。

外圆内方的最初意义来自易经，"内阴而外阳，内柔而外刚"，阴阳一体，阴阳互动而成外圆内方之说。

林釬的外圆内方，就是崇祯所说的"中正和平"。既坚持原则，又讲究方式方法。这也和崇祯当初说的"危行言孙"是一致的，与魏党针锋相对，是"危行"，但言语很机智，很符合"礼制"，让对方挑不出毛病，找不到借口加以反对。对方只能在他离去之后，"矫旨削其籍"，来个流氓式的报复。

有外圆内方，才有"澹泊宁静"。

作为漳州人，我体会到，林釬的"澹泊"是对个人名利地位的澹泊，也就是我们今天所说的不计较个人得失，而不是放弃做人、做臣子的基本原则。"中正"就是原则，一是对君王的忠心，二是为人的正直。这种"正直"，包含他曾经说过的，"成人之美，君子也；因之为利，非君子也"。

我私下里又想，林釬的"澹泊宁静"是不是还有一点禅味？"凤根有慧皆森发，上善无声自广长"——这是他写在瑞竹岩的对联。这种"悟"，是林釬思想的另一个侧面，可作为"澹泊宁静"的补充。

万松关现存林釬《施公新筑万松关记》碑。碑云："逢圣明在御，牧守贤良，桑麻乐业，人且登游其上，望云物而咏天和。"这可以作为"中正和平"的另一个注脚。盛世，君明，臣贤，百姓安居乐业，天地万物，一派祥和。也许，这是他的理想，只有理想实现，他才能"澹泊宁静"。

　　所惜的是，他生逢末世，乱象丛生，从上到下，腐败无处不在，既无"中正"，更无"和平"，大明王朝气数将尽；所幸的是，他的去世离明朝覆灭还有八年，他又遇到一位赏识他的皇帝，他才能"卒谥文穆"，他的门生才能奉旨为他立牌坊，他的牌坊才有崇祯的御书。因此，漳州才有"林釬人文园"，我们才能去体会他的"中正和平"与"澹泊宁静"。

　　我到蓝田开发区，不但看到当下蒸蒸日上的建设成就，而且感受到了这片大地的和谐之美。这种和谐浸润着历史文化的甘露，给人以清新和亲切。

　　就是在这清新亲切之中，中正和平、澹泊宁静的林釬向我们走来。

原载《闽南风》2015 年 10 月号

霞东书院

　　我对霞东书院情有独钟，因为 20 多年前，我家就住在书院附近，每天上班都要从书院经过。只是当时的霞东书院有点"惨不忍睹"，我曾这样写过当时的情形。

　　我们住宅区的门口有一株榕树，树下，有一座不大不小的庙，这庙，已经十分破败了。

　　这庙虽破，却十分热闹。每天上班下班都可以听到里面机器的轰鸣和锯木头尖锐的刺耳声。来去匆匆，从来也没停下来去细看，偶尔抬头，隐隐约约看到里面堆着锯末、刨花之类的东西，像小山，更像垃圾堆，只有边门的石阶上，时有一少女用砂纸擦磨着一根根细长的木栏杆。沙沙沙，沙沙沙，有节奏地响着。

　　原来，这是一个专门车木栏杆的工场。

　　榕树长长的须垂下来，有一辆用破了的小板车，随随便便地搁置在那里。

　　我总是来去匆匆……这庙，这老榕，也总是在身边一闪而过，从不在意。

突然有一天上班时，发现在庙的大门左侧，立了一块崭新的石碑，书曰："文物保护单位霞东书院漳州市人民政府。"走在前面的一个中年人凑过去看背面，我也下车，豁出五分钟，满足好奇心，碑后书："霞东书院，原为清提督蓝理旧馆地，蔡世远塑文昌像以祀，又称文昌宫。道光元年（一八二一年）重建。现存古建筑及姚莹撰碑，章銮书碑，均有较高文化艺术价值。"

当时，我对它肃然起敬。书院啊，那是教书育人的地方，也是古代学子们朝着科举之路迈进的台阶，有多少学子从书院走向京城，考中进士，"一举成名天下知"！

在敬仰的同时，我依然匆匆而过，我在一家国企上班，整天忙得团团转，没有时间去寻找姚莹的碑，更没有阅读碑文。

几十年后的今天，当有人让我写霞东书院时，我才认真阅读姚莹的《重修霞东书院碑记》，然而这碑记，正如作者所说的，"记者纪实也，爱写其兴废本末"，没有涉及与"书院"有关的文字。

细读碑文，对霞东书院之为"书院"，还是不甚了了。

"文昌宫，故金浦蓝总戎馆地也。太傅蔡文勤公塑帝像以祀。即邑志所载霞东书院也。"就是说，这里原来是福建陆路提督蓝理接待宾客的房舍，后来，蔡世远让人塑文昌帝君神像，便成了文昌宫，让人们拜祀。这就是地方志中所说的"霞东书院"了。

从"馆地"到"文昌宫"，没有一点"书院"的味道，为什么地方志上会叫它"霞东书院"呢？

"霞东"是地名，漳州古有"丹霞"之称，霞东，就是"郡东"，漳州东边。而"书院"从何而来？

显然，蓝理建的不是书院，是"馆地"，也就是我们今天所说的招待所。蓝理和蔡世远分别生活在 1647—1720 年和 1681—1734 年的历史空间，我们假设，蔡世远是在雍正六年（1728 年）迁礼部侍郎、充经筵讲官之后才让家乡人"塑帝像以祀"，那么，从蓝理去世到蔡世远塑帝君，相隔近 10 年，这 10 年间，"馆地"有没有可能变成了"书院"？

清康熙丁酉年（五十六年，1717 年）《龙溪县志》关于龙溪学社的记载中说"二十七都浦头李阳蔡耀共三所"，浦头有李、蔡二人办的三所学社。浦头是霞东书院所处的地名，学社即民办学校。或许，当时民间对学社、书院并没有严格的称谓分界，浦头学社也称霞东书院。

如果"馆地"已经变成"学社"或"书院"，作为理学名家的蔡世远为什么又要"塑帝像以祀"，把它变成"文昌宫"？史无记载，只能存疑。

从史料上看，"文昌宫"似乎只是个插曲。

《芗城区志》上说，霞东书院，"址在浦头盐鱼市"，"清乾隆年间已辟为浦头学社"。乾隆十一年（1746 年）《重建霞东书院碑记》有这样的文字，"晦明风雨之态各别。士之游于斯，息于斯，诵读于斯，当有以触其道机，而长其文思也乎？抑余更有进焉者"。似乎从侧面印证这里曾经的学社气息，又有芗城文史资料说，"蔡新归隐后至此讲学，后辟为漳州府郡东厢社学"。蔡新"归隐"（致仕）是乾隆五十年（1785 年），也就是说，康、乾时期这里一直有学社。可见浦头（霞东）这个地方，具有重教兴文的优良传统，百多年来，不但学社不断，且有社学。

也许，这就是姚莹所说的"即邑志所载霞东书院也"的缘由。

如果真有"书院"，那么，从碑文中我们知道，当初的书院，环境优美，闹中取静，适合于读书，"面山负市，溪流绕其前，峰峦朝拱，林木映带，洵胜区也"。

这碑文写于道光元年腊月，也就是 1821 年 12 月，离我们已经快 200 年了。当时，姚莹"知龙溪县事"，就是龙溪县长。姚莹是清代桐城派大文豪姚鼐的孙子，当过台湾知府，官至湖南按察使。从出身看，姚莹当龙溪县长期间，对教育的重视应该是肯定的。

至于此前学子们如何在这里学习，碑文没写，地方志也没记载，看来，只有等待新的考古发现。在新的发现之前，我们只能去想象了。

20 几年前，我曾做过这样的想象：当初，这里曾经杨柳青青。河水轻轻地荡漾着，岸柳轻轻地飘舞着，鸟儿轻轻地歌唱着。从书院里传来轻轻的读书声。或许，有几位书生，拖着长长的辫子，坐在榕树下，研读经书，议论时政，激扬文字……书院内，明窗净几；天井里，或许养着荷花，养着金鱼，或许种着文竹、海棠……

这种想象的大方向似乎没错，与姚莹碑文中对环境的描述大致相似。

当然，想象就是想象，肯定与实际情形相去甚远。而我们现在面对的，却是一座崭新的霞东书院。

"2003 年，由民间捐资，将已塌顶的书院按'修旧如旧'的方案恢复道光元年（1821 年）重建时的面貌……书院仍为二进，坐北朝南，抬梁式木构架，悬山式面阔三间，前殿开三门，天井两侧接以庑廊，后殿进深三间，基座、龙柱、斗拱及木雕大多保留原构件，主祀文昌神像……具有古乐活化石美誉的南词古乐队，按传统定期在此演奏。古书院与古乐曲互相映衬，相得益彰，将现代人带入古香古色的文化氛围，让大家享受到地道纯正的闽南风情。"

这是江焕明先生《丹霞萃金》一书中对当下"霞东书院"的描述。显然，这种描述很"文化"。有资料说，民国初年（1912 年），南词古乐漳州第四代传人、秀才杨瑞庵在书院成立霞东钧社南词馆，招收学员，传授南词古乐。从此，千年古乐在霞东书院鸣响缭绕。

也许，我去的不是时候，那天下午我到霞东书院时，没有听到南词古乐的美妙旋律，只看到文昌帝君香火旺盛，不少善男信女在那里虔诚祀拜。

史料中，霞东书院作为"书院"近于朦胧，扑朔迷离；而现实中的丹霞书院又与传统意义上的"书院"相去很远。这不能不让人感到遗憾。

然而，从"民俗文化"的角度看，特别是作为老邻居，霞东书院的香火还是让我感到十分亲切的。

遗憾中的亲切，亲切中的遗憾，这就是我心中的霞东书院。

原载《泉州晚报》1989 年 11 月 16 日，修改补充后收入海峡文艺出版社 2015 年 12 月出版的《记得住的乡愁——感受漳州古建筑》一书

想戚公 故垒当年

　　清代黄开泰有一首七律诗，题为《悬钟怀古》，诗云：平倭荡寇气如虹，故垒当年想戚公。极浦偏舟归夕照，寒山旧楼噪秋虫。吐吞潮汐涛声壮，坐镇东南地势雄。欲叩英魂觅无处，海天怅望动愁衷。

　　《漳州府志》载："（道光）二十五年乙巳恩科萧锦忠榜，黄开泰，诏安人。"也就是说，黄开泰是在道光二十五年恩科考中进士的诏安人。

　　道光二十五年（1845 年），距离戚继光在福建抗倭的明嘉靖年间已经 300 年了，所以叫"怀古"。

　　有《悬钟怀古》，再写悬钟城似乎有点多余。

　　《明史·地理志》载："诏安，府南（在漳州府南）。本南诏守御千户所，弘治十八年（1505 年）置。嘉靖九年（1530 年）十二月改为县。南临海……又南有守御玄（悬）钟千户所，东有守御铜山千户所，俱洪武二十一年（1388 年）二月置……"

　　可见，悬钟所和铜山所同时设立，当时同属于诏安县。

　　关于悬钟所的设立时间，有资料称，是"明洪武二十年（1387 年）

由江夏侯周德兴建"，时间相差一年。我想，问题可能在"置"和"建"上，先建后置，建完才由中央政府批准设置。

为什么要设这两个千户所？

大明王朝立国之后，朱元璋立足于加强国内统治，不主张对海外诸国用兵。他在《皇明祖训》中明确指出，朝鲜、日本、安南（越南）等是不征之国。"四方诸夷，皆限山隔海，僻在一隅，得其地不足以供给，得其民不足以使令"，所以，对朝鲜、日本、安南等国实行和平友好的经济文化交流政策。

但是，"树欲静而风不止"，我不犯人，人却要犯我。谁敢犯我？明代的海患主要是倭寇。

14世纪初，日本分裂为南北朝，日本天皇被握有实权的幕府将军控制。明初，正是日本室町幕府时代（1338—1573年），因封建割据，诸侯争权夺利，攻战不休。幕府也控制不了各地的"大名"（诸侯）。在内战中遭到失败的南朝封建主，组织武士、商人和得不到土地封赏的浪人，到中国沿海地区进行武装走私和抢劫烧杀，历史上称为"倭寇"。

明初国势鼎盛，且有一定数量的战舰巡逻游弋。明成祖朱棣时，对倭寇的骚扰均能给予沉重打击，所以海患未烈。随着明朝政治腐败和国力下降，到嘉靖年间，倭寇之患日趋严重。嘉靖二年（1523年），竟杀了明备倭都指挥刘锦、千户张镗，大掠宁波沿海各县。明廷错误地归罪于海上贸易，撤销了专管海外贸易的市舶司。于是日本商人、武士和浪人更大规模地组织武装走私，并劫掠沿海居民。为了牟取暴利，中国沿海的豪绅奸商也成群结党，组成武装走私集团，实行亦商亦盗。倭寇和这些奸商海盗互相勾结，狼狈为奸，或数百人一股，或数千人一股，大股者竟达数万。他们烧杀劫掠，攻城掠地，致使东南沿海尽受涂炭。

当然，明帝国是不容许他国侵犯的。明初时确定的以固守沿海寨（岛）卫（岸）和舟师出海搜捕相结合，就是海防战略的积极防御方针。

根据这一方针，其海防部署包括舟师巡海、固守岛屿、扼守海岸海口和必要的近海内地等，构成歼敌、阻敌的纵深防御。

就是在这样的大背景下，建设以卫、所为中心的沿海防御体系。

《海防纂要》认为，海疆数千里，欲一一守之，虽尽天下之兵不能也。所以，明廷对海防是要点防守。即择要建立卫、所。沿海卫、所建在倭寇易于登陆的地点，能通向内地重要政治、经济中心的要地，能溯江入侵的海口和重要的海湾、海港等，并修筑城池和炮台。每个卫、所都有独立作战、长期坚守的能力。它防守的海岸约为 100—200 公里，成为明代海防的骨干。

当然，明初设置海防卫、所，重点是保卫两京，即南直隶的长江口和守卫北京，控制渤海的山东半岛和辽东半岛。但是，明嘉靖以后，寇患南移，南直隶、浙、闽、粤逐渐形成新的海防重点。

悬钟所与铜山所应运而生。

悬钟所在明代海防中发挥过重要的作用。

我们在悬钟城南门的旧城墙上，看到一块金色的铜牌，它的左边是南门的门洞，右边的城墙上有许多粗壮的树根，伞形布开，上面是一棵郁郁葱葱的树。铜牌上写道："悬钟所城，该城系明清时期重要军事要地，戚继光、俞大猷、郑芝龙、郑成功曾屯兵于此。现属省政府二〇〇五年五月十一日第六批公布的省级文物保护单位范围。"

我的眼睛在"戚继光、俞大猷"的名字上停留了许久。

"嘉靖四十四年（1565年）四月，与倭寇勾结的海盗吴平，私造船数百艘，聚众万余，筑三城自守，活动于广东潮州、惠州，福建诏安、漳浦等处。福建总兵戚继光督兵袭击，吴平移其辎重入舟，率众逃入海保，安澳（广东饶平东南海中）。八月，吴平等驾船四百余艘出没于南澳、浯屿。四十五年（1566年）正月，总兵俞大猷率水兵，戚继光率陆军会攻，大破之，吴平逃据饶平凤凰山，大猷部将汤克宽、李超等跟踪追击，连战不利，吴平夺民舟出海。四月，闽广明军以舟师夹击吴平于万桥山下，会大风，明军用火攻，烧其舟，吴平军大败，死者甚众，吴平下落不明。次年，俞、戚追歼吴平余部。至此东南沿海的倭寇，经过沿海军民的艰苦奋战，基本上得到平息。"

我试图想象，在当年的这些战斗中，从悬钟城出击的戚继光和俞大猷将军的将士们是怎样的阵容与英勇，却怎么也想象不出来。

知识贫乏让我的想象失去飞翔的翅膀，只好作罢。没了想象，我们只好从资料到资料进行推测：

从上面铜牌上的文字中，我们知道，从洪武二十一年（1388年）到郑成功屯兵悬钟城，时间跨度约300年，也就是说，最少这300年间，悬钟城一直是军事要地。军人武字当头，崇尚武圣关公，设庙拜祀是理所当然的事。听说，在倭寇、海盗窜扰掳掠时，这位平时端坐大庙美髯飘拂的关公关云长曾多次显灵，身跨赤兔马，手持青龙偃月刀，英姿勃发地出现在倭寇、海盗作恶的地方，把倭寇和海盗吓得屁滚尿流，狼狈逃窜。

然而现在，当我们来到位于悬钟城南门的关帝庙时，我发现，关帝庙香火旺得很，一派祥和的人间气息。关公的伟岸浸泡在一阵阵浓烈的庸常的生活之中，几乎彻底地平民化、世俗化了。到这里来烧香的，大都求的是平安，是健康，是发财，与关云长的"忠"与"义"相去甚远。而且，庙边还有几摊算命摊子。现实和历史开了一个小小的玩笑。

好在，我们在关帝庙广场前看到一对古老的石鼓，和石鼓上方的一块福建省人民政府于2005年5月11日立的"福建省文物保护单位悬钟所城墙"碑，背后有这样的石刻文字："明洪武二十年（一三八七年）由江夏侯周德兴建，清初毁于迁界，康熙五十八年重修，系镇海卫下辖之守御千户所，城址现存东西南三门和残垣，长约一千八百米，南门设有瓮城，城内外保留关帝庙和古烟墩遗址等建筑。果老山等处分布明至民国时期的摩崖石刻三十六处，为历代驻防官兵幕僚及其友人镌刻。明嘉靖四十四年（一五六五年），戚继光、俞大猷在此大败倭寇，是研究我国海防建设的重要文物之一……"

我在这些文字中，找到当年悬钟所城金戈铁马的一些感觉。历史似乎在这里给我们的爱国情怀抹上一层亮丽的色彩，让我们不禁微微一笑。

悬钟城不愧为悬钟城，值得当代中国人怀想和敬仰。

当初，悬钟所和铜山所不但同时设立，而且规制也是相近的。

《铜山志》载：铜山所"……砌石为城，临海为池……周围五百七十一丈，高二丈一尺，女墙八百六十四，窝铺十有六，西、南各建楼，东、北临海，二门俱闭塞……以石环海为壕……"

《诏安县志》载：悬钟所"周围五百五十丈，砌以条石，垣面广一丈，高二丈，女墙八百六十一，窝铺一十五，东西南北四门上各有楼，其东西二门阻海，北门通路，南门塞之，环海为濠……"

大小相等，级别也相同，所管辖的兵力也相当，《漳浦县志·兵防志》载：悬钟所、铜山所不但同时设立，级别也一样，都是"官同千户所"，设"正千户（正五品）""副千户"和若干"百户"。铜山所有兵一千二百二十名；悬钟所有兵一千一百六十八名。

两个千户所，两座兵营，就像两个孪生兄弟，可是，600 年后的今天，这两个"孪生兄弟"的面貌却大不相同。

是的，城市与村庄，都和人一样，都有自己的"命"。

2016 年的一个秋日，当我站在悬钟所城东门残破的城墙上，远望宁静的大海，感慨万千。

众所周知，铜山所现在已经发展成为铜陵镇，人口五万四。它曾经是东山县的县城，如今是热闹的旅游点，游客不断，人来人往，热闹非常；而悬钟所城却成为名副其实的"古城"，"古"依旧，而"城"已不存，留给我们的是，残墙，沙丘，树木（木麻黄）、荒草，当然，还有一个村庄和一座大庙——西门内果老山麓的关帝庙。

那个村庄叫"梅岭镇南门村"，狭窄的村道，两边大都是两层钢筋水泥的小洋房。一只鸡在路边悠闲地寻找地上的食物，不时地低头啄一口。一个打着伞赤着脚穿着碎花衣裳的中年妇女从我的身边从容走过，她看我一边走一边拍照，微微地友好地一笑，想来到这里参观的旅游不少，见怪不怪，习以为常了。一间小商店，门口摆着水果和蔬菜，穿红衣服的女主人正笑嘻嘻地为一个客人装东西，她的身后，挂着一幅书法作品，上书"海纳百川"。我顺着村道往北走，走上一条水泥大道，看到一所现代建筑，大门外挂着一个牌子，上书"诏安县悬钟城小学"。

那么，作为军事要地的悬钟城是什么时候被遗弃，进而成为现在这个模样的呢？这个问题，只能留给文史专家去考究了。

我不是专家，只能发一点感慨。悬钟所的沧桑似乎比铜山所的繁荣更有警醒意义，太平的生活值得珍惜，更需要捍卫。

我想悄悄改动一下黄开泰的诗，作为本文的结束。

平倭荡寇气如虹，故垒当年想戚公。英气常留国人心，万里海天颂太平。

原载《闽南风》2016 年 11 月号

邺山讲堂，也称邺山书院，是漳州众多古代书院之一。

书院是中国古代一种特殊形式的教育机构，既是教育和教学组织，又是学术研究机构。书院萌芽于唐末、五代，兴盛于宋、明，普及于清代，延续千年，为我国古代教育的发展和学术的繁荣做出了重要的贡献。有人统计，自有书院以来，漳州主要书院有 93 所，其中明代 32 所，是全国平均水平的 3.6 倍（据有关专家统计，明代全国书院 1200 多所，全国 140 府，平均每府不到 9 所）。这 32 所书院中，就有黄道周创建的邺山书院。

是的，讲邺山讲堂，不能不讲到黄道周。邺山讲堂是黄道周于明崇祯十六年（1643 年）创建的，距离现在近 400 年了。

几百年之后，也就是 2010 年 1 月 15 日，我曾到位于九龙江北溪邺侯山麓的邺山书院探寻当年的书影经声。我们找不到书院，只看到一块龙海县人民政府 1982 年 6 月 15 日立的"邺山讲堂摩崖石刻"碑。我不甘心，和同去的文友一起找，终于找到了几处当年黄道周书写的字，摩崖石刻"道不绝风"（听说原为"鸟道不绝风云通"，如今只四字，其余脱落不见）"墨池""蓬莱峡"，并在那里留了影。书院已在历史的变故与岁月的清洗中荡然无存。而我们所找到的石刻字迹也在风雨的侵蚀中斑驳脱落，模糊不清了。我们的留影留下的只有些许的兴奋与阵阵的凄凉。历史常常在某一个拐点失落。

2010年1月15日的闽南漳州是一个风和日丽的日子。我站在古老的蓬莱渡口的残石上瞭望江面。江面宽阔，江水滔滔。邺山讲堂至少在100年前已经失落，因为清代光绪年间的《龙溪县志》上是这样描述的："邺山讲堂在柳营江溯流而北，明黄道周讲学于此。中有蓬莱峡、芙蓉峡、墨池、研山、黄岩洞、石燕、乳泉、游磬诸胜，石壁题刻甚多。"是的，这里曾经热闹过，大师名流，莘莘学子，书声琅琅，极盛一时。

《龙溪县志》上说："黄道周讲学江东，每临讲时，堂设先圣位，具琴瑟钟鼓，立监史，读《誓戒》，献酬诗歌，主宾百拜，四方学者环江门而来听者千艘。江东之盛，比之河汾，亦一时盛事云。"又潘思榘《重修邺山讲堂记》云："讲仪具琴瑟钟鼓，立监史，读誓戒，献酬歌诗，主宾百拜，四方之彦，溯江而会者数百人。盖礼乐彬彬河汾矣，何其盛也。"

河汾者，隋代大儒王通设教河汾间，千人受业之典故也。

我的目光在"千艘"与"溯江"上停留了很久。也就是说，当时的听众，除了在江边的讲堂内外，还有坐在船上的。想象一下当时的情形，不要说千艘，就是几百条船静静地停在江上，那是怎样的壮观，怎样的气魄。比之"河汾"，有过之而无不及。当时显然不会有扩音器，黄道周的声音一定十分洪亮，十分激扬，鼓舞人心，具有超强的吸引力。他的声音在江面飞扬，他的思想在听众的心中激荡。啊，九龙江，文化的涌流——千古盛况，前无古人，后无来者。

我又想到，这里离虎渡桥只有一里，离月港不超过二十里。二十年前，我和文友们有过一次北溪漂游，从华安上船，顺流而下，到海澄古月港上岸。途经邺山讲堂和江东桥（古之虎渡桥），从江东到月港只用了一个多小时。那时我们乘坐的是机动篷船，顺流，如果是帆船，顺风，即使是逆流而上，也只需两个时辰左右。那时，在这众多的听众之中，是不是有从月港来的听众，而从月港来的听众当中，是不是有几个好奇的外国商人？我想，在那些"环江门""溯江"而上的"千艘"船中，完全有可能有个把外国船只。那个时候，漳州地面上生活着许多外国人，洋人听经，也不是不可能的，因为他们对于中国和中国文化有一种神秘感，神秘感是最大的吸引力。随着月港的兴盛，留居漳州的外国人不少于千人。月港每年进出商船几百艘，个把西班牙人或日本人等悄悄地跑来听大学者黄道周讲学，是可能的。黄道周讲学仪式的庄严与奇特一定让外国人终生难忘，一定会让他们想起教堂的圣歌和悠远的钟声。个把外国人躲在船上观摩与听讲，不会引起注意，所以史书上没有记载。或许，我们的想象在将来会得到证实。

我进而又想，黄道周讲学用的是闽南话还是北京官话？从他在北京与皇帝的对话情形看，他的官话讲得不错。但此时，在邺山讲堂，或许他讲的还是闽南话。听说，意大利国家图书馆现在收藏着两本古老的字典，一本是西班牙人1575年编写的《中文西译闽南语西班牙文对译字典》。一本是耶稣会士契林诺1604年在菲律宾编写的《闽南方言与西班牙卡斯蒂利亚语对照字典》。也许，其中个别有语言天才的外国人不用翻译，也多少能听懂一点黄道周的讲演。

当然，这只是我的想象。听众大都是中国人——中国的学者。这学者不是我们现在的专家学者的学者，是学习者，是人们常说的"学子"或"士子"，来自四面八方。

黄道周没想到，他在邺山书院讲学时，大明王朝江山破碎、苟延残喘。漳州当时的情形想来是全国的一个缩影。一方面资本主义萌芽出现，商品经济的悄然崛起冲击着传统的农业文明；另一方面，传统文化以它巨大的惯性席卷着中华帝国的所有角落。古老的中国摇摇晃晃地朝着自己的方向前进着，停不下千年的脚步。

实际上，黄道周想在这里建一座书院，已经有十年了。

黄道周第一次和他的学生到九龙江北溪江畔卜筑邺山书院，是崇祯六年（1633 年）的秋天。当然，那个地方那时不叫邺山书院，邺山书院成为一个地名是以后的事情。那时候，那个地方叫蓬莱峡。

蓬莱峡位于九龙江北溪边，江东桥西侧。陈天定《北溪纪胜》述："自柳营江入江，山高水狭，三五里岩壑绝人居，古名蓬莱峡。"陈天定是崇祯二年（1629 年）进士，龙溪人，老家就在附近，即《龙溪县志》上说的"古蓬莱渡也"。

这次占卜没有结果。但是，黄道周对那里的风水似乎情有独钟，两年后的秋天，他携弟子再次前往，留下了一组诗《乙亥秋偕诸子卜筑江峡因改称焦桐山四章》。这次占卜有点收获，就是把这个地方蓬莱峡后面的一座山峰命名为焦桐山。

从焦桐山再到邺侯山，再到邺山书院，那是十年之后的事，"癸未（崇祯十六年，1643 年）卜筑时，或云：'是山，惜但山之骨矣！'门人笑曰：'其骨似邺侯。'黄子闻之，故复'邺山'之名。"邺侯就是李泌，是皇帝给李泌的封号，《新唐书·李泌列传》云，贞元三年（787年），"拜中书侍郎、同中书门下平章事，累封邺县侯"。黄道周以邺侯名山，并把书院名为邺山讲堂，说明李泌在他心目中的崇高地位。

崇祯十六年（1643年）农历五月十八日，59岁的黄道周正式启动邺山书院的营建。书院在次年五月五日至八月二十九日之间陆续竣工，并举行过两次数百人的讲问大会。

当年的书院，是一个建筑群，按黄道周的说法，有"三近堂，当邺山之中。其南，为乐性堂，诸生之所群聚也。其北，为与善堂，先圣先贤之所栖也……"，也就是说，邺山书院最少由三座建筑组成，三近堂是上课讲学的地方，乐性堂是学员的宿舍，而与善堂，也就是神堂，是敬奉先贤——历代漳州有影响的理学家，如陈淳、王遇、高登、陈真晟、周瑛、蔡烈等神像的地方。

黄道周生不逢时，邺山讲堂也生不逢时。

崇祯十七年（1644年）的春天，漳州地方上刚平定一起小动乱，漳州地方当局邀黄道周一起庆贺，同时请黄道周讲学，热闹非常。应该说，这个春天，黄道周的心情是好的，黄道周在家乡的教育事业欣欣向荣，邺山讲堂人才济济。

崇祯十七年（1644年）农历的二月初九，黄道周的心情是轻松愉快的。他万万没有想到，这一天距离大明王朝的灭亡只有一个月零十天。

黄道周的好心情一直继续到夏季（五月）的某一天，这一天，"燕都三月十九日之变至"——崇祯皇帝三月十九日自缢煤山的消息传到漳州。

这一天，对于黄道周来说，天陷地塌。国亡了，对于一个忠臣，有什么比国破君亡更让他悲痛？

黄道周的学生洪思说："先生（黄道周）乃率诸弟子位于邺园，袒发而哭者三日。"

哭，哭，哭——"谨率诸孝秀，北望阙下，号泣躃踊，以明臣子之谊，呜呼！"并为我们留下一篇吊文《邺山讲堂哭烈皇帝文》。

后来，黄道周为了抗清，离开家乡，辗转南京、福州、江西等地，最后抗清失败，就义于南京。

随着黄道周的离去，邺山讲堂迅速淹没在历史的尘埃中。诚如黄道周的学生洪思在后来的一首诗歌《邺山》所说的，"讲堂孤冷似渔家，月满茅门闭水崖。礼乐既衰人不见，一声清磬在芦花"。

2017 年夏日的一天，我再次来到邺山讲堂遗址，这里似乎比原来更加荒凉，当初那块碑，依然在路边，却已被沙土淹去半截，甚至找不到当年的石刻，只有杂树丛生，荒草萋萋，江风阵阵。

难道邺山讲堂曾经的辉煌从此淡出人们的视野？

不，它将以另一种形式，再现在人们的眼前，慰藉人们的怀古情怀。

我在漳州市百龙旅游发展有限公司的《漳州东部景观区总体规划》中看到希望——邺山讲堂的恢复建设，将根据相关史料，整治提升讲堂入口通道及周边环境景观，设计论坛广场、仿古建筑，向游人展示朱熹文化、黄道周文化、北溪文化……

也许，在不久的将来，我们可以坐上游览车，顺着观光大道，一边观赏风景，一边听导游小姐讲解，在清风吹拂中，领略四百年前邺山讲堂的风采，体味悠远的漳州文化……

原载《闽南风》2017 年 11 月号

可园

有一天早上，我的表妹夫给我打电话，说他家的屋顶漏雨漏得厉害，想修又听说他们那一带要拆迁，怕修了之后被拆迁，白修了。让我帮助打听一下，拆迁的消息是否真实可靠。

这个电话让我着实吃了一惊，因为我的表妹一家和表哥的儿子媳妇住的不是一般的地方，是漳州市区现存唯一的清代园林建筑可园的"吟香阁"楼上。可园大门外长长的巷口立着一块"漳州市级文物保护单位"的石碑。这样的房子按理是不可能说拆就拆的。但是，为了保险起见，我还是找到了市文物部门反映情况。文物部门明确答复，近期内不可能拆。要拆，也得报省一级有关部门批准。这一下，我的表妹夫妻眉开眼笑，可以修了，再不受漏雨之苦了。

说可园不能不说它原来的主人郑开禧，郑开禧是漳州名人，《福建通志》《漳州府志》《龙溪县志》都有传。应该说，郑开禧是一位成功人士。从1814考中进士，到1844年回乡写《可园记》的30年间，仕途还算顺利，从内阁中书（从七品）到吏部员外郎、文选司郎中（正五品），再到广东粮储道、再代理广东盐运使。最后因工作表现好，而被提拔为山东省盐运使（"擢山东都转盐运使"）。盐运使是从三品，用当今流行的说法，大约是副省级领导干部了。

说到郑开禧，不能不说他与两位清代名人的关系，这两位名人是纪晓岚和林则徐。生前，他为纪晓岚的《阅微草堂笔记》写过序，死后，林则徐为他撰写墓志铭。

郑开禧考中进士在北京工作的时候，纪晓岚已经去世9年，更何况，以郑开禧当时的地位、学识和影响，根本不可能为曾经的礼部尚书、协办大学士，学界泰斗纪晓岚的著作写序。但我书架上那本由上海古籍出版社出版的《阅微草堂笔记》，明明有两个"序"，一是盛序，一是郑序，到图书馆找其他版本的《阅微草堂笔记》，也都有这两个序。细看，明白了，一是初版序，一是再版序。初版序是纪晓岚的门生盛时彦写于嘉庆五年（1800年），而再版序的最后，郑开禧写道："道光十五年乙未春日，龙溪郑开禧识"，也就是写于1835年，两序相隔35年。

我最初看到"龙溪郑开禧识"时，有点不相信自己的眼睛，这位郑先生果真是龙溪（龙溪县属漳州府，漳州府署即在龙溪县城）人吗？一位名不见经传的漳州人怎么会为赫赫有名的纪晓岚的著作写序？

我很喜欢纪晓岚，所以一看到他的名字就眼睛发亮。《阅微草堂笔记》受欢迎有粉丝，不是吹出来的，是货真价实的好。"本长文笔，多见秘书，又襟怀夷旷，故凡测鬼神之情状，发人间之幽微，托狐鬼以抒己见者，隽思妙语，时足解颐；间杂考辨，亦有灼见。叙述复雍容淡雅，天趣盎然，故后来无人能夺其席，固非仅借位高望重以传者矣。"——这是鲁迅先生在《中国小说史略》中的评价。

郑开禧能为《阅微草堂笔记》再版作序，缘于他在广东工作。

他在广东，先当广东粮储道，后代理广东盐运使。粮储道大约等于现在的粮食厅长，是正厅级干部，而后，"大吏嘉其职，奏署本省运司"，以正厅级代理副部级工作。其间，纪晓岚的孙子纪树馥"来宦岭南"。"来宦岭南"是郑开禧在"序"中的说法。纪树馥曾官至刑部陕西司郎中，也是个厅级干部，他来广东工作，任什么职务郑开禧没说。"来宦岭南"，口气亲切，说明他们可能原先就认识，同在北京朝廷的要害部门供职，一在刑部，一在吏部。而从"来"字看，郑开禧先于纪树馥到广东，但相差时间不会很久。他们的友谊从北京到广州，是同事又是朋友，郑开禧对纪树馥是了解的，所以敢说"树馥醇谨有学识，能其官，不坠其家风"。当时，很多人向纪树馥讨要《阅微草堂笔记》，所以就再次雕刻出版("从索是书众，因重锓版")，于是有了"郑序"。顺便说一下，纪树馥是个出版行家，在此之前，他曾在广州刻版过章楠的《医门棒喝》（初集）。

如果我们把眼光放宽一些，回到郑开禧生活的年代，我们就会发现，郑开禧很幸运，他的青少年时期，是生活在一个很安定、很繁荣、很文化的年代。乾嘉时期，《四库全书》《红楼梦》《聊斋志异》《儒林外史》《阅微草堂笔记》……文化星空，灿烂无比，令人陶醉。地处东南海滨的漳州人由于一个漳州人而感受到这种浓浓的气氛，这个人就是蔡新。蔡新生于康熙四十六年（1707年），卒于嘉庆四年（1799年），活了93岁，乾隆五年（1736年）进士，之后，为官近50年，历任兵部、礼部、吏部尚书，拜文华殿大学士，是嘉庆皇帝的老师，和乾隆皇帝关系很好，他79岁致仕时，乾隆加封太子太师，令驿站车马将他送回漳

219

浦老家，沿途经过的地方官在二十里以内照料护行。乾隆皇帝还写了送别诗，"不忍言留合令归，及归言别又依依"。很动情。嘉庆元年（1796年），他90岁生日的时候，皇帝赐额"绿野恒春"。这样的人物这样的动静，必然对漳州地面有着重大的影响，特别是对当时漳州的读书人，有很大的震动。而更重要的是，蔡新不是一个普通的官僚，他是文化人，与纪晓岚有着密切的关系，他们一起，开创一个新时代。《清史稿》上说，"新（蔡新）、元瑞（彭元瑞）、昀（纪晓岚）侍从，文学负时望。新谨厚承世远之教。昀校定四库书，成一代文治"。乾隆三十八年（1773年）开四库全书馆，蔡新以礼部尚书充（兼任）四库全书馆正总裁，纪晓岚为四库全书总纂，在蔡新领导下工作。蔡新90岁大寿时，纪晓岚为他写贺寿帖，最后四句是，"四十年来陪讲席，六千里外望师门。鹤南飞曲殷勤寄，惜不亲持暖玉樽"。署名是"受业纪昀拜呈"。明眼人一看就知道他们之间的亲密关系。

蔡新去世离郑开禧中进士只有15年，由蔡新和纪晓岚营造的文化空气还弥漫在漳州大地。漳州士人还在无休无止地议论着前辈的光辉业绩，并引以为榜样。其气氛一定不亚于当下漳州知识分子对林语堂、许地山和杨骚的兴趣。少年郑开禧就是沐浴在这样的文化春风中成长起来的。那时，纪晓岚的《阅微草堂笔记》已经风行，作为青年学子的郑开禧对此并不陌生。而当他到北京，特别是到广东工作之后，结识了纪晓岚的孙子纪树馥，更增添了他对《阅微草堂笔记》的亲近感。由他来为同僚和朋友的祖父、同乡前辈的老部下、心仪的大学者纪晓岚的著作再版写序，就是顺理成章的事了。

"盛序"与"郑序"各有特色。作为漳州人，细读"郑序"，更觉亲切。

郑开禧以历史的眼光和漳州人的平和与睿智，在短短的 200 来字中，既肯定作者的崇高地位、作品的价值，又把再版的缘由说得一清二楚。他说："今观公所著笔记，词意忠厚，体例谨严，而大旨悉归劝惩，殆所谓是非不谬于圣人者与！虽小说，犹正史也。"这种说法既独到又大胆，颠覆"稗官野史，街谈巷议"的传统，流传至今，与纪晓岚的名字一起，为世人所知，为专家所崇。

郑开禧去世之后，林则徐为他写墓志铭。

林则徐何许人也？乃在中国近代史上写下浓墨重彩的民族英雄！他为一位默默无闻的漳州人写墓志铭，可能吗？

漳州图书馆存有"赐进士出身诰授中议大夫山东都转盐运使司盐运使云麓郑府君暨元配江淑人墓志铭"的拓片，拓片显示，郑开禧的墓志铭上，清晰地刻着这样的文字："诰授荣禄大夫兵部尚书两江总督赐紫禁城骑马现广东钦差大臣同里愚弟林则徐顿首拜譔。"

林则徐的头衔全是真的，而"同里愚弟"应作何解？

我想，古人为人作墓志铭，大都说好话，客气话，同里是老乡的意思。中国人的家乡观念很重，范围可大可小，在美国，同是中国人就是同乡，在北京，同是福建人就是同乡。在福州，同是漳州人就是同乡，在漳州，同是漳浦人就是同乡。林则徐认郑开禧这个同乡，应该是在北京，也就是说，他们曾经一起在北京工作过。

林则徐是福建侯官（福州）人，生于乾隆五十年（1785 年），嘉庆十六年（1811 年）进士。林则徐在京师为官 7 年，3 年庶吉士，嘉庆十九年（1814 年）授编修。此后历任国史馆协修、撰文官、翻书房行走、清秘堂办事。和林则徐同一年到北京工作的有两位漳州府漳浦县人——

黄时中和邱有容，他们"钦赐会试，授翰林检讨"。编修和检讨都是在翰林院做文字工作的小官，从七品。同事，同乡，"同年"（科举制度下的读书人十分重视"同年"），他们成为朋友的可能性很大。嘉庆十九年（1814年），郑开禧考中进士，并授内阁中书。内阁中书掌宫中诸文书之起草、记录、翻译、缮写等事，也是从七品。清制，进士参加朝考之后，择优任"翰林庶吉士"，较次用为"内阁中书"。也就是说，当初朝考，林则徐被择优，任"翰林庶吉士"，而郑开禧朝考成绩属较次者，为"内阁中书"。1814年的郑开禧和林则徐，一个是"内阁中书"，一个是"翰林编修"，他们一起在"中央机关做文字工作"4年。4年同事，志同道合，加之有几位漳州老乡作铺垫，成为朋友，称兄道弟。愚兄愚弟，这是朋友互相之间的称呼。从中进士的时间看，林则徐早3年，他是26岁中的进士，但未必就年长于郑开禧，郑开禧可能中进士的年纪要大一些，所以"愚弟林则徐"也许不是谦辞，是真实的年龄差。

"同里愚弟"由此而来，说的是真话。

以后20年，林则徐进步比较快，官至两广总督、两江总督（未到任），兵部尚书（清代总督照例加兵部尚书或右都御史衔，称为座衔，总督为正二品，兵部尚书为从一品）。道光十九年（1839年）林则徐到广东当钦差大臣的时候，郑开禧在广东任上。而这期间，他们不可能没有联系，因为林则徐离开北京的十来年间，郑开禧还在"中央工作"，而且所在的岗位十分重要，是吏部文选司郎中。吏部相当现在的中组部，文选司就是文选清吏司，"掌官吏班秩升迁改调等事"，郎中就是司长。显然，在朝廷专管官吏升迁改调工作的郑开禧不可能对一路上升的同乡林则徐一无所知。

和郑开禧青少年时期相比，那是个多事之秋。野心勃勃的大不列颠王国对古老的中华大地虎视眈眈，鸦片战争即将发生。林则徐受命于危难之际。1839年3月10日，林则徐经过两个月的旅程到达广州，珠江两岸，人头攒动，争睹钦差风采。整个广州都在等待和倾听钦差大臣的声音。那个时候，身为广东地方官的郑开禧应在其中，他是众多跪迎钦差大臣的地方官员之一。我们很难揣摩他当时的心境，但我想他一定为自己感到自豪。林则徐的回答是第二天在辕门外贴出的两张告示：《收呈示稿》宣明钦差大臣到广州的目的是查办海口事件。而《关防示稿》无异于钦差大臣此行的第一个宣言，是虎门销烟的先声。这个告示是林则徐作为钦差大臣向广州官员、百姓和外国人的首次公开亮相，它不仅再次以清廉告白天下，而且是为了驾驭当时复杂的局面。据林则徐的日记记载，他当天住在越华书院，并写下"海纳百川，有容乃大　壁立千仞，无欲则刚"。这个夜晚，作为老乡和曾经的同事，郑开禧是否拜访过钦差大臣？我们不得而知。

郑开禧最后官职是从三品，请官职比自己高的上司兼老乡林则徐写墓志铭，这是很正常的事。正如林则徐在墓志铭中所说的，郑开禧后人告之以葬期，"谓藏幽之石必有刻也，非余不可。余既哀君之中道而宾，又奉君之有后，爰为之铭"。

在为纪晓岚的《阅微草堂笔记》再版写序之后3年，也就是道光十八年（1838年），郑开禧从广东回乡，买得邻人废圃，并开始在那里设计建造私家园林。道光二十四年（1844年），园林造成，楼台亭阁，小桥流水，曲径通幽，古朴典雅。郑开禧取名"可园"，并挥笔写下一篇优美的《可园记》。

现在，虽然"可园"外面立了一块"漳州市级文物保护单位"的石碑。可是由于大家知道的原因，可园的损毁比较严重，或许，我们只能在郑开禧的《可园记》中，才能真正领略"可园"当日的风采。

　　物之可以陶冶性情者，不必其瑰丽也。渔人饱饭而讴歌起，其乐常有余；朱门晏食而管算劳，其乐常不足。何也？可不可之致殊也。余客游十三载，所见名山水园亭，类多瑰奇佳丽；而美非吾土，过焉辄忘。丁酉自粤归，其明年得邻人废园，有池半亩许，可钓。因相其所宜木，可竹竹之，可松松之。建阁其上，时与素心人觞咏于此，可以寄敖，可以涤烦。阁上拓窗日望，则紫芝、白云诸山，苍翠在目，可当卧游。阁之后有圃可蔬，有塘可荷，有亭可看云，可停月。前楹有堂，可待宾客。西列房舍，可供子弟肄业。苟完苟美，不求佳丽，而四时之乐备焉。既成，名之曰"可"。苏子有言曰："夫人苟心无所累，则可忧者少，可乐者多，又何适而不可哉！"道光甲辰十一月余生记。

　　遥想当年，郑先生在自家园内，植树种蔬，觞咏宾客，闲卧亭榭，望山、看云、观荷、赏月，享受四时之乐，其情悠悠，其乐融融。羡慕之极。

　　余生也晚，无缘消受。我住进可园，离郑开禧写《可园记》已经107年了。那时大清王朝早已灭亡，蒋介石跑到台湾，"人民已经当家作主"了。我大约在可园住了3年，这3年，上了2年良斌幼儿园和1年良斌小学。依稀记得当时的良斌幼儿园就在郑家宅第，庭院深深，中间的青石板铺成院子很大，有花台，是我们游戏的地方。我住在可园内的"吟香阁"，就是人们说的"小姐楼"。此楼两层，在进圆门的左边。前面就是池塘，有石板曲桥和假山。楼梯在后面，楼上中间是厅，两边两个房间。我舅舅舅妈住东边，我和表哥外婆住西边。楼上四面都开窗，可惜我太小，不能领略窗外"苍翠在目"的风光。只记得我喜欢站在南面窗前看楼下池塘上的曲桥，有一次还看到一条蛇在桥板上游行。窗是落地窗，栏杆有点向外倾斜。舅妈和外婆经常提醒我，不要靠得太近，会掉下去。楼已经很老了，走路得像猫一样小心。舅妈和外婆告诫我，不能跳，一跳楼就会倒塌。有一次，我趁她们不在的时候，偷偷地跳了一下，果然楼房就有摇晃的感觉，吓得我趴在地上不敢动。现在想来，那南面正中的窗也不是落地窗，是门，前面还有一条走廊，只是已经倒塌了，剩下旁边一根孤零零的柱子。

小时候，由于我父亲所在的芗剧团经常外出演出，当时剧团可以带家属，母亲跟着父亲走，就把我放到外婆家。听母亲说，舅舅不是亲的，是我亲舅舅去世后，舅妈带着表哥改嫁过来的。所以我不叫他舅舅，而是跟着表哥叫五叔。听说，五叔新中国成立前当教师，又懂中医，常替人看病，人缘好。新中国成立后因有历史问题，不能教书，先是在可园的一片树木里烧灰做碱，也许就是那片"阁之后有圃可蔬"的地方。后来政府不让烧碱，五叔就改拉小板车，直至困难时期去世。五叔沉默寡言，难得一笑，但对我十分温和。舅妈个子不高，又白又胖，也不怎么说话，只待人以微笑。母亲和她姑嫂亲，叫她葫芦——是小名。我至今不知道五叔和舅妈的真实姓名，也不知道五叔何以住在可园。也许这正是我与可园的缘分。

那时，"吟香阁"楼下及周围的房子，已经住了许多户人家，楼下类似花厅的地方，想来就是"前楹有堂"处，已成了大家的公共厨房。墙上有壁刻，却没人在意，年幼的我也只有好奇，依稀记得除了字还有画，是竹子。后来才知道，那是大名鼎鼎的郑板桥笔迹。

当年写了《可园记》，郑开禧意犹未尽，"集郑板桥先生书，李杜诗。虽率尔成章，自即意自叙也。可园学人印"。可园学人是郑开禧自谦之词。当然，论学问论辈分，也是恰如其分的。1844年的中国，大清帝国虽"山雨欲来风满楼"，外表还是有点"繁荣昌盛"的。据说，当时的GDP还是世界第一。地处东南边陲的漳州，由于气候温和、物产丰富，社会安定，老百姓的幸福指数还是不低的。作为厅级干部郑开禧的生活，更有点悠哉悠哉了。那么，让郑开禧"即意自叙"的是哪些诗句呢？"夹水寒梧秋色老，依园绿竹晓烟晴。""画楼同上望遥城，南北青山两落明。"这些诗句，让我想起郑开禧的诗，"独居常厌市尘氛，偶向城西款白云"。"半山泉水冷如冰，知与红尘隔几层。"意境相近，情绪相通。

郑开禧既是一名成功人士，也是一位好官。《漳州府志》上说，他在吏部工作的时候，"精于整治，奸吏不敢玩法"。在广东工作的时候，郑开禧做过几件好事：一是刚到任时，正好遇到地方上有人造反，他保证军队的粮食供给，使动乱很快平息。二是，时值南海、三水、清远三县闹水灾，"桑园诸基围俱决，漂没民居，流离饥殍。请赈不及，开禧首先捐金，设法收恤"，救活了数万百姓。以后又"力任堤防，永御水患"。"粤人德之，建祠以祀。"三是，在代理广东盐运使的短短几个月间，就整顿市场，使"积弊尽除，商贾利之"。得到朝廷的肯定，很快就被提拔为山东盐运使。四是，有40多个漳州海外贸易商贩，被误当为海盗抓起来，送官府法办，郑开禧出面解释，说明他们都是从事海上贸易的正当商人，使他们得以全部释放。本来，郑开禧升任副省级干部之后，还可以做更多的好事，为官一任造福一方，可惜天不假以年，"之官道卒"，在上任的途中不幸去世了。

郑开禧是这样的漳州人，平和、友善、执着，既想得开，又不放弃努力。他做官做得认真，做得好，却不是一个十足的官迷。这一点我们从他的《可园记》中可以看出。可园不仅仅建在地上，更建在他心里，是他的精神家园。

历史是一条河，川流不息。带走很多过去，也带出许多感叹。郑开禧离我们并不太遥远，触摸可园，我们似乎能感受到这位乡贤亲切的气息。这也许就是我时时想起儿时的可园的原因。

听说，有的城市，像这样的文物保护单位，是由市政府出钱维修，修旧如旧，由旅游部门管理，供游人参观，10年后归还业主。这只是听说，不知真假。不管真假，这种说法是老百姓的一种向往，希望文物能得到妥善的保护。我想，等政府有钱了，把可园"修旧如旧"了，开放让人参观了，建议在可园的大门外，用青石板将郑开禧的《可园记》刻在上面，我更想让到可园参观的人们都明白"可园为什么叫可园"，都记住《可园记》里的这句话。

既成，名之曰"可"。苏子有言曰："夫人苟心无所累，则可忧者少，可乐者多，又何适而不可哉！"

原载《福建文学》2019 年 2 月号

后记

历史留给我们的是纸上的文字和地上的古建筑（或建筑遗迹和故事），以及有赖于考古学的地下挖掘，这些是我们解读历史的依据。我从 40 年来发表的随笔中，选择其中与历史有关的篇章，编成这本小册子，取名"书里书外的历史"，一是书上读史的点滴体会，二是地上行走的些许观感。

感谢中国华侨出版社的厚爱，使拙作得以出版。我期待着读者的批评。